EXPLICATION
DES COUTUMES
DE LA VALLÉE
DE BAREGE,

Des six Vallées du Lavedan, de la ville de Lourde, Pays de Riviere-Ouffe, Baronnie des Angles & du Marquifat de Benac, dépendans du Pays & Comté de Bigorre;

Rédigées d'autorité du Roi, & homologuées au Parlement de Toulouse le 17 Janvier 1769;

Où l'on fait connoître les motifs des nouvelles Coutumes, leur rapport & leur différence avec les anciennes, ainsi que la derniere Jurisprudence sur quelques articles qui en font partie.

Par M^e. MARIE-GERMAIN NOGUÉS, Conseiller-Procureur du Roi au Siege Royal Consulaire de la Vallée de Barege, Auteur du premier Commentaire sur les anciennes Coutumes des mêmes Pays.

Travailler pour sa Patrie est un des premiers devoirs.

A TOULOUSE,

Chez D. DESCLASSAN, Maître-ès-Arts, Imprimeur de l'Académie Royale des Sciences.

M. DCC. LXXXIX.

LA PATRIE.

SI des enfans rebelles, séduits par l'amour désordonné de soi-même, vous ont trop souvent affligée, rassurez-vous, chere Patrie! Louis XVI, plus grand encore que les Rois ses prédécesseurs, dont la France chérit le plus la mémoire, secondé par un Ministre vertueux (1), que ses talens placent au-dessus des *Sully*, & de concert avec les Représentans de la Nation, l'élite des vrais Patriotes, va ramener les hommes aux égards, au respect qu'ils vous doivent.

C'est sur les bases de la liberté que ce Monarque adoré pose leur bonheur & le sien; il excite ainsi les talens, & invite tout Citoyen à les tourner à votre gloire.

Rempli de mes obligations, depuis déjà long-temps je cherche à m'acquitter à ma maniere, & vous consacre mes veilles. Frappé de l'ambiguïté & de la bisarrerie des Coutumes qui régissoient la majeure

---

(1) M. Necker.

partie de la Bigorre, je fus le premier à en faire connoître le vrai fens, à en relever la fingularité par un Commentaire que je rendis public en 1760, & qui, huit ans après, amena, felon mes vœux, une rédaction légale, qui fubftitua des difpofitions mieux vues & plus équitables.

Il reftoit à développer les motifs de ces nouvelles difpofitions; c'eft auffi, ô chere Patrie ! la tâche que je me fuis impofée, & dont je vous offre le réfultat comme une fuite & un complément de mon premier tribut. Puiffe mon hommage vous être agréable & utile !

AVANT-PROPOS.

QUELQU'ATTENTION que l'on apporte à rédiger une nouvelle Loi, il est rare qu'elle ne laisse des doutes & des difficultés qui échappent à la pénétration & aux lumieres trop bornées de l'homme ; & de là les déclarations interprétatives que le Législateur est souvent obligé de donner sur ses Edits & Ordonnances.

L'on ne parvient pas aussi facilement à une interprétation légale en matiere de coutumes, qui ne laissent pourtant pas d'en exiger bien plus que les Lois qui émanent du Prince : il faut pour leur interprétation légale, les mêmes formalités, & peut-être la même dépense que pour leur rédaction.

On peut cependant y suppléer en indiquant les motifs de leurs dispositions : aussi le cahier de nos nouvelles coutumes n'étoit pas encore rédigé, que MM. les Commiſſaires du Roi, convaincus de l'utilité d'une pareille opération, me preſſerent de m'en charger.

Véritablement il m'étoit plus aiſé qu'à un autre de remplir cet objet. J'étois du nombre des Députés, l'Auteur du ſeul Commentaire qui eût paru ſur nos premieres coutumes. MM. les Commiſſaires me firent l'honneur de me retenir auprès d'eux durant la rédaction & de me conſulter; je me trouvois donc à portée de connoître les motifs des nouvelles coutumes.

D'autre part, je m'étois élevé ſur la diverſité de nos coutumes, & ſur la biſarrerie de leurs diſpoſitions. La Province en fut frappée à ſon tour, & ſe remplit de la néceſſité d'y remédier par une rédaction authentique, munie de l'Autorité Royale: c'eſt le parti que j'avois indiqué dans mon *Commentaire*, *pag.* 443. On la ſollicita, & on l'obtint avec cet avantage d'avoir pour Commiſſaires deux Magiſtrats des plus diſtingués en intégrité, en érudition & en déſintéreſſement (1).

---

(1) Feu M. de Lacarry & M. de Coudougnan, Conſeillers de Grand'Chambre au Parlement de Toulouſe, qui ne vou-

AVANT-PROPOS.

A la satisfaction qui me revint d'avoir donné lieu à une opération si importante pour nos pays coutumiers, s'en étoit jointe une autre, celle de voir mon Commentaire devenir comme la boussole de la nouvelle rédaction; il est aisé de s'en convaincre en comparant ce que j'y expose avec les coutumes rédigées.

Ces circonstances réunies, qui sembloient devoir m'engager à seconder les vues de MM. les Commissaires du Roi, & à laisser au Public mes observations sur les nouvelles coutumes, ne purent l'emporter sur des raisons particulieres, qui toutefois n'ont pû tenir aux considérations dont je vais rendre compte, & à mon attachement pour la Patrie.

A la suite de l'examen des titres & mémoires fournis par MM. les Syndics de la Province & les Députés des divers quartiers régis par les coutumes, l'on dressoit d'abord un projet d'articles sur chaque point. MM. les Commissaires le com-

---

lurent rien de leurs honoraires, nonobstant deux mois de séjour qu'ils furent obligés de faire à Tarbe.

muniquoient à l'Assemblée des Députés, qui fournissoit ses réflexions, & l'on rédigeoit de nouveau les articles selon qu'ils avoient été convenus en l'Assemblée.

Quand tout fut épuisé, MM. les Commissaires, qui mettoient leur honneur à remplir leur tâche le mieux & le plus solidement possible, jugerent à propos de communiquer aux Avocats les plus anciens & renommés de Tarbe (1), le projet du nouveau Code coutumier; ils y fournirent leurs observations, dont MM. les Commissaires firent part à l'Assemblée des Députés, qui les adopta presque toutes (2).

Cependant les nouvelles coutumes ayant été imprimées, j'y remarquai entr'autres deux fautes essentielles, dont je parlerai plus amplement à leur endroit, l'une à *l'art. 21 du tit. 6*, & l'autre à *l'art. 16 du tit. 7*, qui, présentant un sens tout contraire à ce qui avoit été arrêté, donnoient ouverture à des procès.

---

(1) MM. Casteran, Carles, Barere, Figarol & Borgela.
(2) Ce détail peut tenir lieu d'un supplément curieux & intéressant au verbal de la coutume.

AVANT-PROPOS.

Si elles s'y fuſſent gliſſées lors de l'impreſſion, il eût été facile de les corriger ; mais elles ſe retrouverent dans les originaux dépoſés aux Greffes du Sénéchal & du Parlement, que je fis vérifier : je reconnus par là qu'elles venoient de la diſtraction du Scribe qui fut chargé de mettre au net les articles convenus, ce qui rendoit le mal plus grand & plus difficile à réparer.

J'ai déjà vu des procès occaſionnés par ces deux erreurs, & d'autre part, des doutes s'élever ſur d'autres points des nouvelles coutumes ; des célebres Avocats du Parlement conſultés, s'écarter de l'eſprit même des termes des coutumes, pour n'en pas connoître les motifs & n'en avoir pas fait une étude particuliere.

Dans cette poſition, je rappelai les inſtances de MM. de Lacarry & de Coudougnan ; & ne conſidérant plus que le bien que pouvoient produire mes obſervations ſur nos nouvelles coutumes, je m'en occupai, & en voici le réſultat, dans lequel je fais remarquer la différence des premieres coutumes d'avec les dernieres, ainſi que le changement de Jurisprudence survenu sur quelques-unes des questions que je traite dans mon premier Commentaire, qu'il sera toujours utile de joindre à celui-ci.

Du reste, il est aisé de s'appercevoir que cette rédaction est plus méthodique & moins confuse que ne l'étoient l'attestation du Sénéchal & l'ancienne coutume de Barege. On a fait une classe des coutumes pour chacun des trois ordres. On a divisé la matiere par titres, & les titres en articles. Ceux-ci sont rédigés avec une pureté de style & une clarté peu ordinaire en pareil cas, & dont on est redevable à MM. les Commissaires du Roi, qui ne se contenterent pas, comme ceux qui avoient été ci-devant chargés de semblables commissions, de présider l'Assemblée des Députés, d'y maintenir le bon ordre, d'y recueillir les suffrages, ils s'occuperent avec la plus grande attention de tous les mémoires qui leur furent présentés, & ils firent connoître les avantages & les inconvéniens qui leur paroissoient en résulter. Si l'on appercevoit quelque disposition singuliere, ce n'est pas à eux qu'il faudroit l'attribuer, mais bien à l'Assemblée ; c'étoit elle qui fixoit la loi.

Tout le monde convenoit de l'utilité qu'il y auroit que tous les quartiers coutumiers fussent régis par une seule & même coutume à l'égard de chacun des trois ordres ; mais chaque quartier tenoit pour la sienne : MM. les Commissaires parvinrent à réunir les suffrages.

Une autre observation que j'ai à faire ici, c'est que malgré qu'on ait cherché dans cette rédaction à rentrer dans le droit commun, & qu'en conséquence on ait réformé plusieurs dispositions de nos anciennes coutumes, qui furent trouvées dures & peu analogues à nos mœurs actuelles, toutefois les nouvelles coutumes ne laissent pas d'être d'une étendue bien plus considérable par le soin qu'on eut de prévoir, autant qu'il se put, & de trancher les difficultés qui pourroient survenir sur les dispositions du nouveau Code coutumier : c'est encore un avantage dont on est redevable à MM. les Commissaires du Roi, qui, par toute sorte d'en-

AVANT-PROPOS.

droits, se rendirent chers & mémorables à notre Province.

D'après ces réflexions, je vais venir à mon objet.

PROCÉS VERBAL

Des Coutumes de la Vallée de Barege, des Vallées de Lavedan, de la Ville de Lourde, du Pays de Riviere-Ouſſe, de la Baronnie des Angles & du Marquiſat de Benac, dépendans du Pays & Comté de Bigorre.

L'AN mil ſept cent ſoixante-huit, & le vingt-huitieme jour du mois d'Octobre, Nous Alexandre de Lacarry & Jean de Coudougnan, Conſeillers de Grand'Chambre du Parlement de Touloufe, Commiſſaires en cette partie, députés par Lettres patentes de Sa Majefté du vingt-ſix Janvier mil ſept cent ſoixante-ſix, enregiſtrées en ladite Cour le dix Février ſuivant, nous nous ferions rendus en conféquence en la ville de Tarbe avec Guillaume Eſpagnou, Greffier au Greffe civil dudit Parlement, afin d'y convoquer & faire aſſembler les gens des trois Etats de la vallée de Barege, des vallées de Lavedan, de la ville de Lourde, du pays de Riviere-Ouſſe, de la baronnie des Angles & du marquiſat de Benac; comme auſſi, les Syndics des Etats de Bigorre & les Officiers de la Sénéchauſſée de Tarbe, conformément & en exécution deſdites Lettres patentes.

ENSUITE ſe feroient préſentés à Nouſdits

Commiffaires, Meffire Cyprien de Bouilh, Chevalier, Seigneur d'Oléac-Debat, ancien Capitaine au Régiment Royal-Infanterie, Chevalier de l'Ordre Royal & Militaire de Saint Louis & Syndic de la Nobleffe, & Noble Dominique de Vergez, Syndic Général des Etats du Pays & Comté de Bigorre, auxquels, en exécution des fufdites Lettres patentes, nous avons remis notre Ordonnance pour ajourner au Vendredi quatre Novembre prochain les gens defdits trois Etats & les Officiers de la Sénéchauffée de Tarbe, ladite Ordonnance étant de teneur comme fuit:

« De l'Ordonnance de Nous Alexandre de La-
» carry & Jean de Coudougnan, Confeillers de
» Grand'Chambre du Parlement de Touloufe,
» Commiffaires à ce députés par Lettres patentes
» données à Verfailles le vingt-fix Janvier mil fept
» cent foixante-fix, enregiftrées en ladite Cour le
» dix Février fuivant, accordées par Sa Majefté
» fur les repréfentations à Elle faites par les gens
» des trois Etats du Pays & Comté de Bigorre,
» pour nous tranfporter en la ville de Tarbe,
» afin d'y convoquer & faire affembler les gens
» des trois Etats de la vallée de Barege, de la
» ville de Lourde, des vallées de Lavedan, du
» pays de Riviere-Ouffe, de la baronnie des An-
» gles & du marquifat de Benac; comme auffi,
» les Syndics des Etats de Bigorre & les Officiers
» de la Sénéchauffée de Tarbe, en leurs perfon-

» nes, sans en recevoir aucuns par Procureur,
» sinon qu'il y eût excuse légitime, lesquels se-
» ront, par nousdits Commissaires, contraints à
» comparoir, savoir, les gens d'Eglise, par prise
» & saisie de leur temporel, & les personnes Laï-
» ques, par prise & saisie de leurs biens & ajour-
» nement personnel, si besoin est, pour, en pré-
» sence desdits gens des trois Etats, Syndics &
» Officiers, faire lire, accorder & rédiger par
» écrit les coutumes desdites Vallées & Pays ci-
» dessus spécifiés & désignés, & comme plus am-
» plement est contenu auxdites Lettres patentes;
» auquel effet, mandons & commandons à tous
» Huissiers ou Sergens premiers requis de la part
» des Syndics Généraux des Etats de Bigorre,
» ajourner en la forme & maniere prescrite & en
» semblables cas usitée, les gens des trois Etats
» desdites Vallées, Pays & Lieux coutumiers,
» à comparoître le Vendredi quatre Novembre
» prochain, à neuf heures du matin & à trois de
» l'après-midi, en la ville de Tarbe, dans la grand'-
» salle du Couvent des Religieux Cordeliers, &
» pardevant Nous, & tous les jours suivans, au-
» tres que les Dimanches & Fêtes, aux mêmes
» heures, aux fins desdites Lettres patentes, &
» sous les peines y contenues, jusqu'à ce que l'ob-
» jet de notre commission sera fini & consommé;
» & pour raison de ce, faire tous exploits requis
» & nécessaires. Donné à Tarbe le vingt-huit Oc-

» tobre mil sept cent soixante-huit. LACARRY,
» Conseiller & Commissaire. COUDOUGNAN,
» Conseiller & Commissaire. ESPAGNOU,
» Greffier, ainsi signés. »

Et advenu le quatrieme Novembre mil sept cent soixante-huit, à neuf heures du matin, les gens des trois Etats, lesdits Syndics & les Officiers du Sénéchal étant venus nous prendre dans notre Hôtel, nous nous serions rendus dans l'Eglise des Cordeliers pour y entendre la Messe du Saint-Esprit, laquelle finie, nous sommes entrés dans la grand'salle dudit Couvent, lieu désigné dans notredite Ordonnance, pour par nous être procédé à la rédaction des prétendues coutumes & anciens usages concernant l'ordre des successions.

Ensuite nous aurions fait faire lecture par notredit Greffier desdites Lettres patentes portant notre commission, ensemble de l'Arrêt d'enregistrement d'icelles, dont la teneur du tout suit.

« LOUIS, par la grace de Dieu, Roi de
» France & de Navarre, à nos amés & féaux
» les sieurs de Lacarry & de Coudougnan, Con-
» seillers en notre Cour de Parlement à Toulouse,
» SALUT. Les gens des trois Etats de notre Pays
» & Comté de Bigorre nous ont fait exposer
» que, sur l'ordre des successions & sur quelques
» autres matieres, la vallée de Barege, les vallées
» de Lavedan, la ville de Lourde, le pays de
» Riviere-Ousse, la baronnie des Angles & le

» marquifat de Benac, dépendans dudit pays de
» Bigorre, font en poffeffion d'être régis par des
» coutumes locales & particulieres, fans qu'il
» paroiffe néanmoins que ces coutumes aient
» jamais été légalement rédigées, ce qui occa-
» fionne journellement des conteftations, tant fur
» l'étendue que fur les difpofitions de ces coutu-
» mes; qu'il eft fur-tout prétendu de la part des
» Nobles qu'ils ont la liberté de difpofer, fuivant
» la difpofition des Lois Romaines, de leurs biens
» fitués dans les vallées de Lavedan & autres Pays
» coutumiers, fans qu'ils foient tenus de recon-
» noître à cet égard l'autorité d'une prétendue
» coutume à laquelle ils ne fe font jamais foumis;
» que dans cet état, il eft intéreffant pour le repos
» & la tranquillité des habitans du pays de Bi-
» gorre, que les coutumes de la vallée de Barege,
» des vallées de Lavedan, de la ville de Lourde,
» du pays de Riviere-Ouffe, de la baronnie des
» Angles & du marquifat de Benac, foient incef-
» famment rédigées dans les formes prefcrites par
» nos Ordonnances, & puiffent acquérir par ce
» moyen le degré d'authenticité, de certitude &
» de ftabilité qui convient à une Loi deftinée à
» difpofer de la fortune de nos Sujets; que tel eft
» le vœu des anciennes Ordonnances, notamment
» de l'Ordonnance du mois d'Avril mil quatre cent
» cinquante-trois, qui a ordonné la rédaction des
» coutumes dans tout le Royaume; fur quoi lef-

» dits gens des trois Etats du Pays & Comté de
» Bigorre nous auroient très-humblement supplié
» de vouloir, sur ce, leur pourvoir. A CES
» CAUSES, voulant favorablement traiter les
» habitans de notre Province de Bigorre, &
» obvier à la multiplicité des procès & à l'incer-
» titude des jugemens, de l'avis de notre Conseil,
» nous vous avons commis, & par ces présentes,
» signées de notre main, vous commettons pour
» convoquer & faire assembler en la ville de Tarbe
» les gens des trois Etats de la vallée de Barege,
» la ville de Lourde, des vallées de Lavedan, du
» pays de Riviere-Ousse, de la baronnie des
» Angles & du marquisat de Benac; comme aussi,
» les Syndics des Etats de Bigorre & les Officiers
» de la Sénéchaussée de Tarbe, en leurs person-
» nes, sans en recevoir aucuns par Procureur,
» sinon qu'il y eût excuse légitime, lesquels seront
» par vous contraints à comparoir, savoir, les
» gens d'Eglise par prise & saisie de leur temporel,
» & les personnes Laïques par saisie de leurs biens,
» & ajournement personnel, si besoin est; auquel
» effet, vous enjoignons de vous transporter, le
» plutôt que faire se pourra, en ladite ville de
» Tarbe, & vous permettons de désemparer no-
» tre Cour de Parlement de Toulouse durant le
» temps de la séance d'icelle, pour, en présence
» desdits gens des trois Etats, Syndics & Officiers,
» faire lire, accorder & rédiger par écrit les

coutumes

» coutumes desdites vallées de Barege, de Lave-
» dan, ville de Lourde, pays de Riviere-Ousse,
» Baronnie des Angles & Marquisat de Benac,
» & ensuite faire publier & enregistrer lesdites
» coutumes, ainsi accordées & rédigées en la
» Sénéchaussée de Tarbe, & les rapporter pa-
» reillement à notre Cour de Parlement à Tou-
» louse pour y être enregistrées & homologuées;
» & si dans le cours de ladite rédaction il survenoit
» sur quelques-uns des articles desdites coutumes
» des oppositions & contradictions de la part de
» la plus grande & saine partie des gens d'Eglise,
» des Nobles ou des gens du Tiers-Etat, & que
» la difficulté ne puisse point être levée en ladite
» Assemblée, vous mandons de dresser procès
» verbal desdites oppositions, & icelui avec votre
» avis envoyer en notre Conseil pour y être par
» Nous pourvu, ainsi qu'il appartiendra; & après
» lesdites rédaction, publication & homologation,
» voulons & ordonnons lesdites coutumes être
» gardées & observées inviolablement de point
» en point, comme Loi perpétuelle & irrévoca-
» ble, sans qu'il puisse y être contrevenu, auquel
» effet, de notre certaine science, pleine puissance
» & autorité royale, nous les avons dès à présent
» ratifiées, autorisées & approuvées, ratifions,
» autorisons & approuvons par ces présentes;
» défendons à tous Avocats, Procureurs, Prati-
» ciens & autres nos sujets dudit Pays d'alléguer,

» déduire ou mettre en avant d'autres coutumes,
» & à nos amés & féaux Conseillers les Gens
» tenant notre Cour de Parlement à Toulouse,
» aux Juges & Officiers dudit Pays de permettre
» qu'il en soit allégué d'autres, & sans y avoir
» égard, leur enjoignons de juger conformément
» auxdites coutumes rédigées, enregistrées &
» homologuées : mandons en conséquence à nos-
» dits amés & féaux Conseillers les Gens tenant
» notre Cour de Parlement à Toulouse, de
» lire, publier & enregistrer ces présentes, & de
» tenir la main à leur exécution, & à tous nos
» autres Justiciers, Officiers & Sujets, qu'en ce
» faisant, à vous ils obéissent & entendent dili-
» gemment. DONNÉ à Versailles le vingt-six Jan-
» vier, l'an de grace mil sept cent soixante-six, & de
» notre regne le cinquante-unieme. *Signé*, LOUIS :
» *Et plus bas* ; Par le Roi, PHELYPEAUX, scellées
» du grand Sceau en cire jaune. »

EXTRAIT DES REGISTRES DU PARLEMENT.

Vu par la Cour les Lettres Patentes données à Versailles le vingt-sixieme Janvier mil sept cent soixante-six, signées LOUIS : *Et plus bas* ; *Par le Roi,* PHELYPEAUX, *scellées du grand Sceau de cire jaune, portant nomination de Messieurs de Lacarry & de Coudougnan, pour la rédaction des Coutumes de Bigorre, ainsi qu'il est plus amplement porté par lesdites Lettres Patentes ; ouï sur*

des Coutumes de Barege.

le Cambon de Labastide, Avocat Général du Roi, LA COUR a ordonné & ordonne que lesdites Lettres Patentes dudit jour vingt-six Janvier dernier seront enregistrées dans les Registres de la Cour, pour être exécutées suivant leur forme & teneur. Prononcé à Toulouse, en Parlement, le dixieme Février mil sept cent soixante-six. Collationné, LEBÉ. Monsieur DE BASTARD, Rapporteur.

Lesdits sieurs de Bouilh & de Vergez, Syndics, ont dit : qu'en vertu de notre susdite Ordonnance, les Gens des trois états dudit Pays coutumier, & les Officiers du Sénéchal avoient été assignés à ce jour, lieu, heure de neuf de ce matin, & pardevant Nous, conformément & en exécution desdites Lettres Patentes, ainsi qu'il conste des exploits d'assignation qu'ils nous ont remis. Signés, de Senmartin & Le-Roi, Huissiers ; contrôlés au Bureau de Tarbe, requérant en conséquence que lesdits assignés soient appelés, ce que nous avons ordonné être fait par ledit Espagnou, Greffier, à quoi il a satisfait ; & à l'instant se sont présentés ceux qui s'ensuivent :

Premierement. Pour l'Etat Ecclésiastique.

Messire Jean-Baptiste de Lezons, Abbé de Sempé ; Messire Luc de Salles, Prieur de Saint-Orens, Conseiller au Parlement de Navarre ; Me. Jean Abadie, Curé de Viala, Procureur fondé, par acte retenu devant Notaire, des Ecclésiastiques de la vallée de Barege ; Me. Julien Dumoret, Curé d'Argellés, aussi Procureur fondé des Ecclésiastiques de l'extrême de Salles en Lavedan ; Me. Marcel Boerie, Docteur en Théologie, Archiprêtre du lieu d'Aucun, Procureur fondé des Ecclésiastiques de la vallée d'Azun ; Me. Jean-Raimond Correges-Domec, Archiprêtre du lieu de Préchac, Procureur fondé des Ecclésiastiques de la vallée de Saint-Savin ; Me. Jean Frechou, Curé de Berberust, Procureur fondé des Ecclésiastiques de la vallée de Castelloubon ; Me. Pierre Loret, Curé du lieu d'Omex, Procureur fondé des Ecclésiastiques de la vallée de Batsouriguere ; Me. Jean Dumon, Archiprêtre du lieu des Angles, Procureur fondé des Ecclésiastiques de la Baronnie des Angles ; Me. Jean Prat, Curé du lieu d'Orincles, Procureur fondé des Ecclésiastiques du Marquisat de Benac ; Me. Ciprien Normande, Prébendier de l'Eglise de Lourde, Procureur fondé des Ecclésiastiques de ladite Ville ; Me. François Ravielle, Archiprêtre du lieu d'Adé, Procureur fondé des Ecclésiastiques du pays de Riviere-Ousse ; Me. Henri Labonnefoi, Curé de Garderes, & Joseph Digole, Curé d'Oroix, Procureurs fondés des Ecclésiastiques des lieux de Villenave, Luquet & Seron.

Pour l'Etat de la Noblesse.

Messire Jean-Baptiste-Xavier de Navailles, Chevalier, Baron de Miossens, Seigneur de Poueyferré, Lagos & autres places; Messire Germain, Chevalier d'Antin, Seigneur de Vieusac; Messire Pierre de Day, Seigneur de Garderes, Seron, Luquet & autres terres; Messire Jean Despourrin, Ecuyer, Seigneur d'Adast, Viger & Miramon; Messire Bernard d'Asteing, Seigneur d'Arsans; noble Jean-Augustin de Fornets, Seigneur d'Oroix; noble Alexis Ducasse, Ecuyer, Seigneur de Laurenties, Bastillac & Uz; noble Jean-Louis de Berné, Seigneur d'Arcizans-avant & Baron d'Uzer; Me. Bernard Periez, Abbé Lai des Abbayes nobles de Sers & Viey; Me. Jean-Henri Lasseche, Abbé Lai des Abbayes nobles de Safos & Viscos en Barege, & noble Jean Desblans, Seigneur & Abbé Lai de Villenave.

Et pour le Tiers-Etat.

Mes. Marie-Germain Nogués, Conseiller & Procureur du Roi au Siege Consulaire de la vallée de Barege, & Jean Salaré, Avocat au Parlement, habitans de Luz, Procureurs fondés des manans & habitans de la vallée de Barege; le sieur Pierre-Vital Planté, Bourgeois du lieu d'Argellés, Procureur fondé des habitans de ladite Communauté;

François Porte, Conful du lieu d'Oft, Procureur fondé des habitans de la vallée de l'extrême de Salles; le fieur Jean Cams, Conful du lieu d'Aucun, & Pierre Trelaus du lieu d'Arreus, Procureurs fondés des habitans de la vallée d'Azun; le fieur Jean-Paul Nogués, habitant du lieu de Préchac, Procureur fondé des habitans de la vallée de Davantaigue; le fieur Laurens Sarretes, habitant du lieu d'Arcizans-avant, Procureur fondé des habitans de cette Communauté; les fieurs Jean Ribet, Conful, & Bernard Bordenave, Chirurgien du lieu de Saint-Savin, Procureurs fondés des habitans de la vallée dudit Saint-Savin; les fieurs Dominique Duboé, Bourgeois du lieu d'Offen, & Etienne Antian dit Prat, du lieu de Viger, Procureurs fondés des habitans de la vallée de Batfouriguere; les fieurs Jean Fontan dit Arbeu, habitant du lieu de Juncalas, & Antoine Peyregue, du lieu de Neuilh, Procureurs fondés des habitans de la vallée de Caftelloubon; Me. Jean Sentous, Notaire Royal, habitant du lieu des Angles, & le fieur Jean Canton du lieu de Lezignan, Procureurs fondés des habitans de la Baronnie des Angles; le fieur Dominique Lamathe, Docteur en Médecine, habitant du lieu de Benac, Procureur fondé des habitans du Marquifat de Benac; Me. Dominique d'Intrans, Avocat en Parlement, Seigneur de Vifquer & Saint-Serié, faifant tant pour lui que comme Procureur fondé des habitans de ladite

des Coutumes de Barege.

Communauté de Visquer; les sieurs Alexis Crouzet, Maire, & Barthelemi Lagonelle, premier Echevin de la ville de Lourde, Procureurs fondés des bourgeois, manans & habitans de ladite Ville; Me. Philippe Ravielle, Avocat en Parlement, habitant de Peyrouse; Me. Paul Penés, aussi Avocat en Parlement, habitant de Bartrés; Me. Jean-Marie Suzac, Notaire Royal, habitant d'Ossun; les sieurs Jacques Bayle & Blaise Bouette-David, Bourgeois, habitans dudit lieu d'Ossun, Procureurs fondés des habitans des lieux d'Ossun, Poueyferré, Loubajac, Peyrouse, Lamarque, Pareac, Barlest, Astugue, Adé, Escoubés, & Bartrés au pays de Riviere-Ousse; le sieur Jean Esquerré, second Consul du lieu de Pintac, Procureur fondé des habitans de cette Communauté; le sieur Jacques Moulat, Consul du lieu d'Oroix, Procureur fondé des habitans de cette Communauté; le sieur Jean Frechou & Denis Minvielle, du lieu de Luquet, Procureurs fondés des Communautés de Garderes, Luquet, Seron, Villenave & Escaunets, aussi enclavées dans le pays de Riviere-Ousse.

Les Officiers du Sénéchal de Tarbe.

Me. Jean-François d'Embarrere, Juge Criminel; Me. Jean de Mascaras, Lieutenant Principal; Me. Joseph de Laffont-Mascaras, Lieutenant Particulier; Me. Barthelemi de Serignan, Conseiller; Me. Jean-Baptiste de Salles, Conseiller

& Avocat du Roi; Me. Joseph-Gratian Duboé, Conseiller & Procureur du Roi; Me. Jean-François-Joseph de Rolland, Conseiller.

Et ce fait, ledit Espagnou Greffier, nous a dit que le sieur Laffus de Ladeveze, Juge-Mage de Tarbe, lui a fait remettre une requête de lui signée pour nous être présentée, dans laquelle il propose les moyens d'excuse & de récusation contre lui, pour être dispensé d'assister à la présente assemblée; & ayant fait faire lecture de ladite requête, y aurions fait droit.

Après quoi lesdits sieurs de Bouilh & de Vergez, Syndics, ont requis défaut contre Messire de Monlezun, Abbé de Saint-Savin en Lavedan, de l'état Ecclésiastique, & contre M. le Prince de Rohan-Rochefort, Marquis de Benac; M. le Marquis d'Ossun, Ambassadeur de France à la Cour d'Espagne; M. de Lahite, habitant au lieu de Lapene; M. Dantin-Douront, habitant d'Argellés; M. Destrade, Seigneur de Cohitte; MM. Dangosse de Corbere pere & fils, de l'état de la Noblesse, qui n'ont point comparu, ni Procureur pour eux.

Nous susdits Commissaires, faisant droit sur ladite réquisition, avons donné & octroyé défaut portant tel profit que de raison.

Et de suite avons fait faire le serment en tel cas requis & accoutumé aux gens desdits trois Etats, Syndics & Officiers, SAVOIR: *que loyalement & en leurs consciences, ils nous diront & rapporteront exactement ce qu'ils ont vu garder & observer* des anciennes coutumes dans les susdites vallées, lieux & pays dont s'agit ; qu'ils nous exhiberont tous titres, actes ou autres pieces qu'ils peuvent avoir ou connoître relatives à cet objet ; ce qui véritablement a été ci-devant tenu, gardé & observé pour coutume ; ce qu'ils en savent, tout intérêt & affection particuliere cessant, ayant seulement égard au bien public, utilité & avantage de la chose commune. Et pour l'avenir, qu'ils nous diront aussi leur avis & opinion sur ce qu'ils trouveront de dur, rigoureux & déraisonnable dans lesdites coutumes, & comme tel, devoir être tempéré, modéré, corrigé, ou le tout abrogé, ce qu'ils ont juré & promis faire & exécuter.

Après quoi nous aurions fait faire lecture des délibérations & actes de procuration contenant les pouvoirs donnés aux députés desdits pays coutumiers ; & attendu l'heure tarde, avons renvoyé la continuation à trois heures de relevée de cejourd'hui.

Et dudit jour à trois heures de relevée en la susdite salle, pardevant Nous & en présence des susdits Comparans,

Aurions fait continuer la lecture des susdits actes de procurations ; ladite lecture parachevée, attendu l'heure tarde, aurions renvoyé à demain cinquieme Novembre à neuf heures du matin.

Advenu le cinquieme Novembre mil sept cent soixante-huit, neuf heures du matin, dans ledit

Couvent des Religieux Cordeliers, & pardevant Nous, en présence des susdits gens des trois Etats, Syndics & Officiers,

Ledit sieur de Bouilh, Syndic de la Noblesse, nous auroit présenté & remis une requête au nom de l'Ordre de la Noblesse, signée de MM. le Marquis d'Ossun, le Comte de Castelbajac, Baron des Etats ; Navailles-Poueyferré, Day-Garderes, Destibayre, Cazaubon-d'Ost, Dantin-Douront, Angosse, Fornets-d'Oroix, Despourrin-d'Adast-Dasteing, le Chevalier d'Antin, Ducasse, Periés, Dasson-Castillon-d'Argellés, Bouilh-Doleac, Syndic de la Noblesse ; Berné-d'Arcizans, Rambos de Lafite ; le Chevalier de Sempastou, d'Estrade-Cohitte, Desblans & Laffeche, de laquelle requête nous avons fait faire lecture par notredit Greffier.

Ledit sieur Abbé de Lezons nous a remis aussi une requête en forme de Mémoire au nom de l'Ordre Ecclésiastique, signée de lui & de Mes. Ravielle, Archiprêtre d'Adé, Député de Riviere-Ousse ; Bayle, Curé de Poueyferré, aussi Député ; Dumon, Archiprêtre des Angles, Député par le Clergé de ladite Baronnie ; Prat, Curé d'Orincles, Député par le Clergé du Marquisat de Benac ; Normande, Député par le Clergé de la ville de Lourde ; Boerie, Archiprêtre d'Aucun, Député par le Clergé de la vallée d'Azun ; Guinlé, Curé de Nestalas, & Député par le Clergé de la vallée de Saint-Savin ; d'Abadi, Curé de Viala, & Député par le Clergé de la vallée de Barege ; Dumoret, Curé ; Correges-Domec, Archiprêtre de Préchac, Député du Clergé de la vallée de Davantaigue ; Frechou, Curé de Berberuſt, Député du Clergé de la vallée de Caſtelloubon ; Digole, Curé d'Oroix, Député de Riviere-Ouſſe ; Labonnefoi, Curé de Garderes, Député de Riviere-Ouſſe, & de l'Abbé de Salles, Prieur de Saint Orens, de laquelle requête nous aurions auſſi fait faire lecture.

Le ſieur Vergez, Syndic Général, nous a auſſi remis une délibération des gens des trois Etats du Pays & Comté de Bigorre, en date du treize Décembre mil ſept cent ſoixante-ſept, qui le charge de nous remettre un grand nombre d'actes & pieces, avec un inventaire, contenant ſommairement les clauſes principales deſdites pieces depuis n°. 1 juſques n°. 83 incluſivement, de laquelle délibération, enſemble du ſuſdit inventaire, avons fait faire lecture par notre Greffier.

Et tout de ſuite ledit ſieur de Bouilh, Syndic de la Nobleſſe, nous a exhibé un Mémoire à lui remis par le ſieur Baron de Caſtelnau, avec l'original d'une tranſaction ou accord privé paſſé entre le ſieur Comte de Caſtelbajac & le ſieur de Labordenne ſon gendre, & une Conſultation de deux Avocats du Parlement de Touloufe, dont du tout nous avons fait faire lecture, après laquelle ledit fieur de Bouilh a retiré l'original de ladite tranfaction privée & ladite Confultation.

Il nous a été auſſi remis par le fieur Nogués, Député de la vallée de Barege, un Arrêt du Parlement de Toulouſe du dix-neuf Juin mil fix cent foixante-dix, portant homologation d'un cahier de coutumes de ladite Vallée ; comme auſſi un cahier ou projet de nouvelles coutumes que ladite Vallée l'a chargé de nous remettre par fa délibération du quatorze Novembre mil fept cent foixante-fix, duquel projet de nouvelles coutumes nous avons auſſi fait faire lecture.

Le fieur Planté, Procureur fondé de la Communauté d'Argellés en Lavedan, nous a remis avec fa procuration du dix-neuf Septembre dernier, un projet de nouvelles coutumes pour ladite Vallée, en onze articles, contenant correction & modification de celles énoncées dans un atteftatoire donné par le Sénéchal de Tarbe le quinze Juillet mil fept cent quatre, duquel fufdit projet avons fait faire lecture.

Et attendu la remife faite ès mains de notre Greffier des fufdits titres, mémoires & autres actes relatifs à l'objet de notre commiſſion, nous avons renvoyé la continuation de nos féances au Mardi quinze du préfent mois de Novembre, à neuf heures du matin, fans autre aſſignation, à l'effet par nous de vérifier, lire & examiner les fufdits titres, pieces & mémoires pendant ledit délai.

des Coutumes de Barege.

Advenu ledit jour quinze Novembre mil sept cent soixante-huit, neuf heures du matin, dans ladite salle des Cordeliers, pardevant Nous & en présence des susdits gens des trois Etats, Syndics & Officiers, sauf Messire Luc de Salles, Prieur de Saint Orens, Conseiller au Parlement de Navarre, de l'état Ecclésiastique, & Me. Dembarrere, Juge Criminel du Sénéchal, contre lesquels non-comparans, sur la réquisition desdits Syndics, avons donné & octroyé défaut, portant tel profit que de raison.

Ensuite ledit sieur de Bouilh Syndic, nous a remis, de la part du sieur de Castelnau, un sac contenant l'inventaire de production & pieces y énoncées, d'un procès qu'il a pendant au Parlement de Toulouse, contre M. de Palamini, Conseiller honoraire en ladite Cour; sur quoi il a été unanimement délibéré par l'Assemblée de faire rendre lesdits sac & pieces audit sieur de Castelnau, sauf à lui à faire faire le choix des actes & pieces qu'il croira nécessaires pour appuyer le contenu en ses mémoires, qu'il pourra faire remettre s'il le juge à propos.

Et attendu l'heure tarde, nous avons renvoyé la séance à demain seize Novembre, à neuf heures du matin.

Dudit jour seize Novembre, neuf heures du matin, le sieur de Bouilh Syndic, nous a remis de la part du sieur Baron de Castelnau, un état en forme d'inventaire, avec les pieces y énoncées depuis n°. 1 jusques inclus n°. 32, de laquelle remise lui avons donné acte.

Après quoi il a été traité dans l'Assemblée de la liberté que doivent avoir les Ecclésiastiques non Nobles de disposer de leurs biens, ensemble de l'ordre de leurs successions.

Ensuite il auroit été proposé de régler la liberté de disposer, & la maniere de succéder dans l'Ordre de la Noblesse.

Et attendu l'heure tarde, nous aurions continué la séance au Lundi dix-sept Novembre, à neuf heures du matin.

Advenu le dix-sept Novembre mil sept cent soixante-huit, à neuf heures du matin, on s'est occupé de la liberté de disposer, & de la maniere de succéder dans l'ordre du Tiers-Etat, en ligne directe.

Et attendu l'heure tarde, nous avons renvoyé la continuation de nos séances à demain dix-huit Novembre, à neuf heures du matin.

Dudit jour dix-huit Novembre mil sept cent soixante-huit, à neuf heures du matin, il a été traité de l'ordre des dispositions & successions en ligne collatérale, & de celui concernant les gendres & brus.

Et attendu l'heure tarde, nous aurions renvoyé à trois heures de relevée la continuation de la séance.

Dudit jour, trois heures de relevée, ledit sieur de Bouilh Syndic, nous a remis un mémoire avec des pieces y énoncées de la part de M. de Palamini.

Sur quoi il a été unanimement délibéré de rendre ledit mémoire & pieces audit sieur Palamini, de même que les actes, titres & mémoires remis lors des précédentes séances, tant de la part du Baron de Castelnau, que de la part desdits Syndics; comme aussi les requêtes & mémoires de l'Ordre Ecclésiastique & de celui de la Noblesse.

Ensuite on s'est occupé du retour des légitimes & supplément d'icelles.

Après quoi, vu l'heure tarde, avons renvoyé la continuation de nos séances au Samedi trois Décembre mil sept cent soixante-huit, à neuf heures du matin.

Advenu le trois Décembre mil sept cent soixante-huit, à neuf heures du matin, nous aurions fait faire la lecture des articles, au nombre de quinze, qui composent le premier titre sur l'ordre des successions des Ecclésiastiques non Nobles; tous lesdits articles ont été unanimement arrêtés & convenus, ainsi qu'ils seront ci-après transcrits sous ledit titre.

Ensuite nous aurions fait faire la lecture des articles, au nombre de onze, qui composent le titre trois des successions en ligne directe, concernant les gens du Tiers-Etat, & lesdits articles ont été convenus & arrêtés par toute l'Assemblée, ainsi qu'ils feront ci-après transcrits sous ledit titre.

Nous aurions fait faire ensuite la lecture des articles, au nombre de sept, qui composent le titre quatre de la légitime, supplément & retour d'icelle ; lesquels articles ont été également arrêtés & convenus par toute l'Assemblée, tels qu'ils feront ci-après rapportés sous ledit titre.

Et attendu l'heure tarde, nous avons renvoyé la continuation de nos séances à Lundi prochain cinq Décembre courant, à neuf heures du matin.

Advenu le cinq Décembre mil sept cent soixante-huit, à neuf heures du matin, nousdits Commissaires avons fait appeler en la forme ordinaire tous ceux qui composoient l'Assemblée, parmi lesquels se sont trouvés non-comparans le sieur Ducasse de l'Ordre de la Noblesse, & Jean Fontan, dit Arbeu, du Tiers-Etat, contre lesquels avons, à la réquisition desdits Syndics, accordé défaut, portant tel profit que de raison.

Nous aurions ensuite fait faire lecture des articles, au nombre de cinq, qui composent le titre cinq des successions en ligne collatérale ; lesquels articles ont été convenus par toute l'Assemblée, ainsi qu'ils feront ci-après transcrits sous ledit titre.

Après quoi nous aurions fait faire la lecture des dix premiers articles, sur le nombre de vingt-un qui composent le titre six des gendres & brus ; tous lesquels dix articles ont été arrêtés & convenus

par

par toute l'Assemblée, en la même forme & maniere qu'ils seront ci-après transcrits sous ledit titre.

Et attendu l'heure tarde, nous avons renvoyé la séance à demain six Décembre, à neuf heures du matin.

Advenu le six Décembre mil sept cent soixante-huit, neuf heures du matin, nous aurions fait faire lecture des articles onze & douze dudit titre des gendres & brus, & ils ont été arrêtés & convenus en la même forme & maniere qu'ils seront ci-après transcrits sous ledit titre.

Et attendu l'heure tarde, nous avons renvoyé à demain sept Décembre, à neuf heures du matin.

Advenu le sept Décembre mil sept cent soixante-huit, neuf heures du matin, aurions fait continuer la lecture des articles treize, jusques inclus l'article vingt-un & dernier dudit titre des gendres & brus; tous lesquels articles ont été arrêtés & convenus par l'Assemblée en la même forme & maniere qu'ils seront ci-après transcrits sous ledit titre.

Après quoi il a été fait lecture de l'article unique concernant l'ordre de succéder parmi les Nobles, qui a été unanimement convenu, ainsi qu'il est rédigé au titre deux ci-après transcrit.

Et attendu l'heure tarde, nous avons renvoyé la continuation de nos séances à Vendredi, neuf du présent mois, à neuf heures du matin.

Advenu le neuf Décembre mil sept cent soixante-huit, neuf heures du matin, nousdits Commissaires aurions fait appeler en la forme ordinaire tous ceux qui compofoient ci-devant l'Affemblée, lefquels ont tous comparu, fauf Meffire d'Ay-Garderes, contre lequel, à la réquifition defdits Syndics, avons accordé défaut, portant tel profit que de raifon.

Enfuite nous aurions fait faire lecture des articles, au nombre de dix-fept, qui compofent le titre fept, concernant les puînés mariés enfemble, appelés vulgairement *Sterles*; comme auffi avons fait faire lecture de l'article unique du titre huit, concernant le retrait lignager; lefquels articles ont été arrêtés & convenus par l'Affemblée en la même forme & maniere qu'ils feront tranfcrits ci-après fous leurs titres.

Après quoi, conformément à la délibération prife en la féance du dix-huit Novembre précédent, avons fait rendre & remettre par notredit Greffier toutes les pieces, Mémoires & Requêtes énoncées dans notre préfent procès verbal, qui ont été retirées, en notre préfence, par chacun de ceux qui en avoient fait la remife.

Il a été enfin unanimement délibéré par l'Affemblée, que tous les cas qui ne feroient pas expreffément prévus & littéralement exprimés dans la préfente rédaction, feront réglés fuivant & conformément au Droit écrit, ainfi qu'il fe trouve énoncé dans l'article unique du titre neuf de la préfente rédaction, de laquelle la teneur s'enfuit.

EXPLICATION
DES COUTUMES
DE LA VALLÉE
DE BAREGE.

TITRE PREMIER.

Article Premier.

Les Ecclésiastiques non nobles, quoique constitués dans les Ordres sacrés, pourront recueillir toute succession, soit qu'elle consiste en biens de souche & avitins, ou en biens acquêts, & soit qu'elle leur soit déférée par testament ou autre disposition, soit en vertu de la Coutume.

Nos anciennes Coutumes ne s'étoient guere occupées des Ecclésiastiques, quoiqu'ils fassent partie du plus distingué des trois Ordres de la Province. L'Attestation du Sénéchal n'en parle qu'à *l'art.* 10, & la Coutume de Barege qu'à *l'art.* 18,

& ce qu'elles en difent n'eft relatif qu'à la difpofition de leur légitime & à leur titre clérical. Mais en revanche leurs intérêts occuperent beaucoup lors de cette rédaction, ainfi qu'on peut en juger par les diverfes difpofitions de ce titre.

Ni le Droit écrit, ni aucune Coutume du Royaume ne les privoit du droit de fuccéder. La feule Coutume de Barege, qui par fes *art. 2 & 3* excluoit du fidéicommis coutumier *les inhabiles de droit au mariage*, en excluoit indirectement & par voie de fuite les perfonnes conftituées dans les Ordres facrés, qu'on ne peut contefter être *de droit inhabiles au mariage*.

Véritablement cette difpofition, quoique fondée fur la propagation & confervation des biens dans les familles, paroiffoit dure & injufte; j'en raifonnois de même dans mon Commentaire en donnant l'idée de la réformer, dans le cas il y eût lieu à une rédaction; & c'eft auffi ce qui a été fait par cet article, qui regle expreffément que les Eccléfiaftiques, quoique conftitués dans les Ordres facrés, pourront recueillir toute fucceffion, foit qu'elle confifte en biens de fouche & avitins, ou en biens acquêts, & foit qu'elle leur foit déférée par teftament ou autre difpofition, foit en vertu de la Coutume; & cet article eft fi clairement rédigé, qu'il ne laiffe aucune difficulté apparente.

On pourroit feulement être furpris qu'il n'y foit

question que des Ecclésiastiques non nobles, & nullement de ceux qui sont nobles d'origine. L'on en voit la raison dans le titre suivant, où les Ecclésiastiques nobles de naissance se trouvent classés avec les nobles Laïques.

Article II.

Tout Ecclésiastique qui aura recueilli une hérédité, soit à titre d'institution, soit en vertu de la Coutume, pourra en disposer, ainsi que de sa légitime indistinctement, soit en faveur d'un de ses freres ou sœurs, soit en faveur d'un de ses neveux ou nieces qu'il trouvera à propos; & en défaut de freres, sœurs, neveux ou nieces, il pourra audit cas en disposer en faveur d'un de ses petits-neveux ou petites-nieces à son choix.

L'ARTICLE précédent ayant déclaré les Ecclésiastiques constitués dans les Ordres sacrés habiles à recueillir toute succession, c'étoit une suite nécessaire de parler de la maniere dont ils pourroient la transmettre; & c'est de quoi il est traité dans le présent article, & jusqu'au 9e. inclusivement.

La disposition de cet article 2 est une dérogation à nos anciennes Coutumes, qui, au défaut d'enfans & descendans de l'héritier actuel, appeloient au fidéicommis coutumier son frere ou sœur, immédiatement puînés, ou le premier de leurs descendans, & ainsi successivement les autres freres & sœurs, suivant l'ordre de leur naissance, ou leurs descendans. C'est ce qui résulte de *l'art. 2 de l'Attestation de 1704, & de l'art. 6 de la Coutume de Barege.*

Aujourd'hui au contraire, selon la disposition formelle de cet *art.* 2, un Ecclésiastique qui a recueilli une succession peut la faire passer sur la tête d'un de ses freres & sœurs, tel qu'il trouvera à propos, ou bien sur la tête d'un de leurs enfans, ses neveux ou nieces, tel qu'il voudra choisir ; & en défaut de freres & sœurs, de neveux ou nieces, il peut encore en disposer en faveur d'un de ses petits-neveux ou petites-nieces à son choix : & il en est de même de tout autre héritier qui se trouve sans enfans, comme on le verra sur *l'art. 1er. du tit. 5 ci-après, des Successions en ligne collatérale.*

Ce qui est dit de l'Ecclésiastique héritier, doit s'entendre aussi de l'Ecclésiastique simple légitimaire; c'est-à-dire, que la légitime de celui-ci n'est plus taxativement affectée à l'héritier de la maison, & qu'à son tour, selon ce même article, il a la liberté d'en instituer héritier un de ses freres ou sœurs, ou bien un de ses neveux ou nieces; & qu'au défaut de freres & sœurs, neveux & nieces, il peut en disposer en faveur d'un de ses petits-neveux ou petites-nieces : ainsi peut-on voir qu'il a été fait une breche considérable à notre ancien fidéicommis coutumier, & qu'il est réduit à bien peu de chose, dès qu'on peut se choisir un héritier parmi diverses personnes.

Du reste, par ces mots, *petits-neveux ou petites-nieces*, il faut entendre les enfans ou descendans directement de frere ou sœur, de celui de la succession duquel il s'agit; car les neveux ni petits-neveux issus de cousins-germains n'ont rien à prétendre, & ne sont nullement appelés au fidéicommis; cela résulte des termes de notre article; & d'ailleurs, nos anciens Usages & Coutumes n'admettoient non plus que les neveux ou petits-neveux descendans de frere ou sœur, & laissoient à l'écart les oncles de l'héritier & leurs descendans. Voyez *l'article 2 de l'Attestation, & les articles 3 & 6 de la Coutume de Barege*.

Article III.

Il pourra néanmoins disposer en faveur de qui bon lui semblera, tant de la quarte de sa légitime, que de celle de l'hérédité qu'il pourroit avoir recueilli.

Non-seulement les Ecclésiastiques, soit héritiers, soit simples légitimaires, peuvent prendre pour leur héritier celui qu'ils jugeront à propos parmi les appelés au fidéicommis, mais ils peuvent encore disposer en faveur de qui bon leur semblera, parent ou étranger indistinctement, soit de la quarte de leur légitime, soit de celle de l'hérédité qu'ils se trouveroient avoir recueillie;

c'est la disposition textuelle de cet article, qui, sur ce point, n'a rien de contraire à nos anciens Usages & Coutumes.

Article IV.

Dans le cas que ledit Ecclésiastique se trouvât sans freres ni sœurs, neveux ou nieces, petits-neveux ou petites-nieces, lesdits biens avitins & de souche deviennent libres sur sa tête, & il pourra en disposer ainsi & en faveur de qui bon lui semblera.

Nous avons vu, par les articles précédens, qu'un Ecclésiastique pouvoit transmettre le fidéicommis, ou les biens de souche & avitins indifféremment à un de ses freres ou sœurs, ou à un de leurs enfans, & à leur défaut, à un des petits-fils de ses freres ou sœurs, qui sont ses petits-neveux ou petites-nieces.

Cet article 4 a prévu le cas où l'Ecclésiastique se trouveroit sans frere ni sœur, sans neveux ni nieces, & sans petits-neveux ni petites-nieces, & il décide qu'alors les biens de souche & avitins sont libres sur sa tête, & qu'il peut en disposer comme bon lui semblera ; c'est-à-dire, qu'alors la Coutume cesse à l'égard de cet Ecclésiastique, & ne l'assujettit à rien envers aucun parent, quand même il se trouveroit avoir dans un degré plus éloigné des neveux ou nieces descendans de ses freres ou sœurs ; en quoi l'on peut remarquer qu'il a été encore dérogé à nos anciennes Coutumes, qui affectoient les biens de souche & avitins aux descendans des freres ou sœurs de l'héritier décédé, en quelque degré qu'ils pussent se trouver.

ARTICLE V.

Ledit Eccléfiaftique peut encore disposer librement en faveur de qui bon lui semblera, de tous ses biens acquêts.

S'IL est libre aux Eccléfiaftiques de disposer d'une partie des biens de souche & avitins, comme on l'a vu par *l'art.* 3, à plus forte raison devoit-on leur laisser la liberté de disposer à leur gré des biens qu'ils ont acquis eux-mêmes : c'est aussi la faculté que leur assure cet article ; il en étoit d'ailleurs de même par nos anciennes Coutumes. Cet article 5 ne me paroissant présenter aucun doute, je vais passer à l'article qui suit.

Article VI.

L'Ecclésiastique venant à décéder ab intestat, *son hérédité appartient au premier né de ses freres & sœurs, s'il en a, ou au premier né des enfans, soit mâle ou femelle, du frere ou sœur aînés; & n'y ayant point de frere ni sœur aînés à l'Ecclésiastique décédé* ab intestat, *ni descendans d'eux, ladite hérédité appartient à son frere ou sœur immédiatement puînés, ou à l'aîné ou aînée de leurs enfans ou descendans les représentant, & ainsi successivement de l'un à l'autre, suivant l'ordre de primogéniture.*

Ayant été traité dans les articles précédens de la liberté de disposer par les Ecclésiastiques, c'étoit une suite de s'occuper de la maniere de leur succéder, lorsqu'ils viennent à décéder *intestats*, ou sans avoir disposé, & c'est ce que reglent cet article & les trois suivans.

Un exemple pourra mieux développer les dispositions de notre article. Supposons qu'un Ecclésiastique se trouvant avoir deux freres ou sœurs aînés, & deux autres freres ou sœurs immédiatement puînés, soit venu à décéder *intestat*, à qui appartiendront ses biens?

Il faut répondre que c'est d'abord au frere premier né, & à son défaut, au premier né de ses enfans; qu'au défaut de ceux-ci, c'est le second frere ou le premier des enfans, s'il y en a, qui doit fuccéder ; que fi les freres ou fœurs aînés, & leurs enfans ou defcendans fe trouvent décédés, alors ce fera le frere immédiatement puîné, & à fon défaut, le premier de fes enfans qui fuccédera ; & à leur défaut encore, ce fera le quatrieme frere ou fœur, ou le premier de leurs enfans. C'eft la difpofition textuelle de cet *article 6.*

L'Eccléfiaftique venant à décéder ab inteftat, fon hérédité appartient au premier né de fes freres ou fœurs, s'il y en a.

Soit que l'hérédité de l'Eccléfiaftique confifte en biens acquêts, ou de fouche & avitins, & qu'il s'agiffe de fa fimple légitime, ou d'une fucceffion qu'il auroit lui-même recueillie en vertu de la Coutume ou d'une difpofition particuliere, tous fes biens indiftinctement appartiennent à l'héritier coutumier, pourvu qu'ils foient fitués dans le territoire régi par nos Coutumes, qui n'admettent qu'un héritier ; je dis pourvu qu'ils foient fitués dans le territoire régi par nos Coutumes, car il en doit être autrement, s'ils étoient fitués, ou partie d'iceux, en pays de Droit écrit, ainfi qu'on peut le voir par l'article fuivant.

Il fe préfente ici une queftion importante ; elle confifte à favoir qui devroit fuccéder à l'Eccléfiaftique, *mort inteftat*, qui ne laifferoit ni frere ni fœur, neveu ni niece, petit-neveu ni petite-niece, mais qui auroit néanmoins des arriere-petits-neveux ou arriere-petites-nieces defcendans d'un de fes freres ou fœurs ?

La raison de douter se prend de la seconde disposition de cet article même, qui veut « qu'en » défaut de freres ou sœurs aînés & d'enfans » descendans d'eux, l'hérédité appartienne au » frere ou sœur immédiatement puînés, & à leur » défaut, à l'aîné ou aînée de leurs enfans *ou* » *descendans les représentant, & ainsi successive-* » *ment de l'un à l'autre, suivant l'ordre de pri-* » *mogéniture.* »

Cette derniere disposition semble indiquer que tant qu'il existe des enfans descendans d'un frere ou d'une sœur, à quelque degré d'ailleurs qu'ils puissent se trouver, ils doivent toujours succéder, en observant seulement l'ordre de primogéniture.

A quoi l'on peut ajouter que cela est même conforme à nos anciennes Coutumes, qui rendoient perpétuel le fidéicommis coutumier.

Ce n'est pourtant pas ainsi qu'il en doit être dans l'espece proposée ; il faut tenir au contraire que les arriere-petits-neveux ou arriere-petites-nieces de l'Ecclésiastique décédé *intestat*, n'auroient rien à prétendre sur son hérédité en vertu de nos Coutumes : l'on en voit la raison dans *l'article* 4. ci-dessus, qui veut qu'un Ecclésiastique se trouvant sans frere ni sœur, sans neveu ni niece, & sans petit-neveu ni petite-niece, descendans de frere ou sœur, les biens de souche & avitins soient libres sur sa tête, & qu'il puisse en disposer en faveur de qui bon lui semblera : or si par nos

Coutumes actuelles l'Ecclésiastique peut, dans l'espece proposée, disposer librement des biens de souche & avitins, il s'ensuit que, suivant les mêmes Coutumes, le fidéicommis coutumier finit sur la tête des petits-neveux ou petites-nieces de l'Ecclésiastique, qu'il disparoît avec eux, & ne passe pas aux arriere-petits-neveux; & par une conséquence ultérieure, que ce n'est pas la disposition de nos Coutumes qu'il faut consulter dans l'espece proposée, pour savoir à qui doit appartenir la succession de l'Ecclésiastique, mais seulement les regles du Droit écrit, suivant lequel les arriere-petits-neveux ne seroient admis à la succession qu'au défaut des plus proches parens, & qu'ils succéderoient d'ailleurs par égale portion, & sans nul égard à l'ordre de leur naissance.

N'importe ce que dit notre article, qu'en défaut de freres ou sœurs aînés & d'enfans descendans, l'hérédité appartient aux freres ou sœurs immédiatement puînés, ou *à l'aîné ou aînée de leurs enfans, ou descendans les représentant*, & ainsi successivement de l'un à l'autre, suivant l'ordre de primogéniture.

Il est sensible en effet que cette disposition ne marque autre chose que l'ordre dans lequel doivent succéder les parens appelés par la Coutume, c'est-à-dire, les freres & sœurs de l'Ecclésiastique décédé *intestat*, leurs enfans & petits-fils; s'il restoit encore quelque doute, il s'évanouiroit par la disposition de *l'article unique du titre* 9 de la Rédaction, qui porte que « tous les cas non exprimés & non littéralement prévus, seront réglés & jugés conformément au Droit écrit. » Or nos Coutumes ne parlant pas expressément de la question qui nous occupe, de cela seul elle devroit être décidée par les regles du Droit écrit. De sorte qu'à tous égards, & sous toute sorte de rapports, les arriere-petits-neveux, comme nous l'avons dit, ni les arriere-petites-nieces, n'ont rien à prétendre sur la succession de l'Ecclésiastique leur oncle, s'ils se trouvent concourir avec des plus proches parens.

Du reste, ce qui vient d'être dit de l'Ecclésiastique décédé *intestat*, est applicable à un héritier laïque & non noble qui se trouveroit dans le même cas. C'est ce qui résulte de la disposition finale *de l'article premier du titre* 5 ci-après.

ARTICLE VII.

Les Ecclésiastiques non originaires du Pays coutumier, venant à faire des acquisitions dans ledit Pays, soit en immeubles, meubles ou rentes constituées, & venant à décéder sans disposition, les meubles appartiendront à celui ou à ceux qui sont ses héritiers ab intestat *par le Droit écrit, & les immeubles appartiendront à l'héritier coutumier, ainsi que les rentes constituées, dont les débiteurs seront domiciliés dans le Pays coutumier.*

CET article a prévu le cas où un Ecclésiastique qui ne seroit point originaire du pays coutumier, & qui n'y résideroit pas, viendroit à y faire des acquisitions & décéderoit *intestat*. Il nous apprend comment sa succession doit être réglée, & nous dit que les biens immeubles appartiennent à l'héritier coutumier de l'Ecclésiastique, & qu'il en doit être de même des rentes constituées dont les débiteurs sont domiciliés en pays coutumier : mais que tous autres biens meubles appartiennent à celui ou à ceux qui doivent lui succéder *ab intestat*, suivant le Droit écrit.

Ces dispositions sont conformes au Droit commun coutumier & à la Jurisprudence du Parlement du ressort. Elles sont fondées sur les principes que je rapporte dans mon Commentaire, *pag. 24 & suiv.* Malgré cela il naissoit toujours à cet égard des discussions & des procès, que cet article prévient par ses dispositions précises.

Les Ecclésiastiques non originaires du pays COUTUMIER, *&c.*

Ces mots, *non originaires du pays coutumier*, ne rendent pas le sens de l'article, qui fait dépendre du domicile du décédé la destination de son mobilier. Ce n'est pas le lieu de l'origine ou de la naissance qui décide, mais bien celui du domicile : il faudroit donc au lieu de ces mots, non originaires du pays coutumier, substituer ceux-ci : *non domiciliés au pays coutumier*. Je me rappelle que l'article fut d'abord rédigé de même, & c'est encore une autre erreur intervenue lorsqu'on voulut mettre les articles au net.

ARTICLE VIII.

L'héritier dudit Ecclésiastique supportera les dettes passives de l'hérédité établies avant que ledit Ecclésiastique n'eût recueilli la succession, ainsi que celles par lui contractées, au cas il ne laisse pas des acquêts, comme il sera expliqué à l'article suivant.

Les deux articles précédens nous indiquent les héritiers d'un Ecclésiastique décédé *intestat*, & la distinction qu'il faut faire suivant la nature & la situation des biens délaissés par l'Ecclésiastique. *Cet art.* 8 parle de ses dettes passives, & nous apprend sur quels biens elles doivent être prises.

TITRE I.

Il suppose le cas d'un Ecclésiastique décédé *intestat*, ayant recueilli une hérédité, & distingue entre les dettes passives établies par les auteurs de l'Ecclésiastique, & celles qu'il a contractées lui-même ; il veut que les premieres soient supportées par celui qui succede à l'Ecclésiastique en cette hérédité, ce qui est très-juste, puisqu'elles formoient déjà une charge inhérente à l'hérédité, avant elle n'est parvenue à l'Ecclésiastique.

Quant aux dettes passives personnelles à l'Ecclésiastique décédé, il résulte de notre article qu'il faut encore distinguer ; ou cet Ecclésiastique a laissé des acquêts, ou non : dans le premier cas, c'est sur ces acquêts qu'il faut prendre ces dettes, & non sur l'hérédité ou sur les biens de souche & avitins, qui n'en peuvent être tenus qu'en cas d'insuffisance des acquêts. Dans le cas contraire, ou lorsque l'Ecclésiastique n'a pas laissé des acquêts, ses dettes personnelles doivent être prises aussi sur l'hérédité ou sur les biens de souche & avitins : c'est le sens de l'Article.

Ainsi que celles par lui contractées, au cas il ne laisse pas des acquêts.

C'étoit ci-devant une question controversée, & qui donnoit lieu à des procès, savoir, si notre fidéicommis coutumier pouvoit être ébreché par les dettes personnelles de l'héritier décédé, ou si son droit avoit dû être borné à la seule jouissance ou usufruit.

J'ai traité au long cette question dans mon Commentaire, *pag.* 110 *& suivantes*, & je la décidois en faveur de l'héritier possesseur ; cette derniere disposition de notre Article, relative à mon opinion, tranche la difficulté, & prévient les procès à ce sujet, en réglant qu'en défaut d'acquêts, les dettes personnelles de l'Ecclésiastique décédé *intestat* seront supportées par son héritier coutumier & prises sur les biens de souche. Elle suppose clairement par là que l'héritier possesseur n'est pas borné au seul usufruit des biens de souche & avitins ; qu'il peut en aliéner, même les absorber.

Article IX.

Dans le même cas de décès ab intestat, *les biens acquêts dudit Ecclésiastique appartiendront à l'héritier de sa maison natale, lequel dit héritier sera tenu d'en donner à ses freres & sœurs, ou à leurs enfans les représentant, une portion, qui sera fixée au tiers ou à la moitié, suivant le nombre où se trouveront lesdits freres & sœurs, de quatre & au-dessous, ou de cinq & au-delà, tout comme & ainsi qu'il en est usé pour le reglement & fixation de la légitime entre enfans, déduction préalablement faite sur lesdits biens acquêts des dettes passives contractées par ledit Ecclésiastique décédé, à l'exception des frais funéraires, qui doivent être prélevés généralement sur tous les biens du décédé.*

CETTE premiere disposition de notre article

suppose, 1°. que l'héritier de la maison natale de l'Ecclésiastique soit du nombre des éligibles & appelés par la Coutume, c'est-à-dire, qu'il soit frere ou sœur, neveu ou niece, petit-neveu ou petite-niece de l'Ecclésiastique décédé *intestat* ; car s'il n'étoit point dans ce degré, ce ne seroit pas lui, mais les plus proches parens en ligne collatérale descendante qui lui succéderoient, parce que le fidéicommis auroit pris fin, suivant les principes établis sur *l'article* 4 ci-devant, dont il ne faut pas s'écarter.

2°. La premiere disposition de cet article suppose que les biens acquêts de l'Ecclésiastique décédé soient situés en pays coutumier ; car s'ils étoient situés en pays de droit écrit, ce seroient tous les freres & sœurs qui succéderoient, où les enfans les représentent, selon la disposition de *l'artticle* 7 ci-dessus, & l'héritier de la maison natale n'auroit rien à y prétendre qu'autant qu'il se trouvât frere ou fils de frere ou sœur de l'Ecclésiastique ; & dans ce cas, il concourroit seulement avec les autres freres ou enfans de freres ou sœurs selon les maximes du droit écrit.

Lequel héritier sera tenu d'en donner à ses freres & sœurs, ou à leurs enfans les représentant, une portion, &c.

Cette portion a été accordée aux freres & sœurs par un motif d'équité, sur la présomption que leur légitime a été diminuée par les frais que l'Ecclésiastique a occafionnés pour fon entretien durant fes études, & comme pour les dédommager de ce qu'ils ont pu en fouffrir. Les anciennes Coutumes n'étoient pas allées fi loin.

Déduction préablement faite fur lefdits biens acquêts des dettes paffives contractées par ledit Eccléfiaftique décédé.

Notre article exigeant par cette troifieme difpofition que les dettes paffives de l'Eccléfiaftique foient déduites des acquêts avant de s'occuper de la fixation de la légitime accordée à fes freres & fœurs, nous fait connoître que ceux-ci n'ont rien à prétendre dans le cas où ces acquêts fe trouveroient abforbés par les dettes paffives de l'Eccléfiaftique : ce qui eft très-jufte, parce que cette légitime n'étant qu'une légitime de grace accordée fur les acquêts, elle doit s'évanouir, lorfqu'il ne refte pas des biens de cette nature.

A l'exception des frais funéraires, qui doivent être prélevés généralement fur tous les biens du décédé.

Les anciens Ufages du Lavedan, &c. rejetoient ces frais fur la quarte des biens de fouche. La Coutume de Barege exigeoit qu'ils fuffent pris fur la totalité des biens de fouche. On préféra, lors de la rédaction, de s'en tenir à cet égard à cette Coutume ; & de plus notre article veut que les frais funéraires foient prélevés généralement fur tous les biens du décédé ; c'eſt-à-dire, que les biens acquêts doivent y contribuer auſſi, ce qui eſt juſte & conforme au droit écrit. *Voyez mon Commentaire, page* 214.

ARTICLE X.

Le Titre Clérical conſtitué aux Eccléſiaſtiques ne peut par eux être aliéné, ni même la rente, qui doit toujours être libre, pour leur nourriture & entretien.

IL a été traité juſqu'ici du droit de ſuccéder par les Eccléſiaſtiques, de la maniere dont ils pouvoient diſpoſer de leurs biens, & de celle de leur ſuccéder en défaut de diſpoſition de leur part: il eſt queſtion dans cet article & dans les cinq qui ſuivent, de leur titre clérical & de leur légitime.

L'ancienne Coutume de Barege, *titre* 18, prohiboit en général aux Eccléſiaſtiques l'aliénation de leur titre clérical, ſans diſtinguer entre la propriété & l'uſufruit. L'atteſtation de 1704, *article* 4, ne parloit pas expreſſément de l'aliénation du titre clérical, ſoit en propriété, ſoit en uſufruit ; mais déclarant que le titre clérical faiſoit retour à celui qui l'avoit conſtitué, ou à ſon héritier, elle ſuppoſoit au moins que la propriété n'en pouvoit être aliénée par les Eccléſiaſtiques : les Auteurs de la Juriſprudence du Parlement de

Touloufe étoient fixés fur l'inaliénabilité de l'ufufruit, mais ils varioient fur celle de la propriété ; quoique le plus grand nombre foit des Arrêts, foit des Auteurs, penchent pour la validité de l'aliénation de la propriété : *vid.* mon Commentaire, *page* 388 *& fuivantes.*

Cet *article* 10 tranche tout doute, & déclare expreffément le titre clérical inaliénable par les Eccléfiaftiques, foit quant à l'ufufruit, foit quant à la propriété. Il en donne la raifon quant à l'ufufruit, parce que *la rente doit toujours être libre pour leur nourriture & entretien.* Et quant à la propriété, on en voit la raifon dans *l'article* 13 ci-deffous ; c'eft que le titre clérical, conformément à nos anciennes Coutumes, doit faire retour à celui qui l'a conftitué, & qu'en général dans nos pays coutumiers on ne tranfporte que l'ufufruit du fonds qui forme le titre clérical, & nullement la propriété.

J'ai dit en général ; parce qu'il peut arriver qu'on faffe entrer dans un titre clérical la légitime due à l'Eccléfiaftique, auquel cas il pourroit en aliéner la propriété à concurrence de cette légitime, comme il réfulte de *l'article* 13 *cité* & de celui qui fuit ; mais jamais il ne lui eft permis d'aliéner l'ufufruit : on peut voir à cet égard ce que j'ai dit fur l'article 18 de l'ancienne Coutume de Barege.

ARTICLE XI.

Dans le cas que le Titre Clérical leur tienne lieu de légitime en tout ou en partie, & qu'ils décedent sans laisser suffisamment des acquêts pour acquitter leurs dettes passives, leurs créanciers auront dans ce cas la reprise sur ledit Titre Clérical, à concurrence seulement de leur légitime, déduction faite des frais funéraires.

CET article parle du cas où le titre clérical constitué à l'Ecclésiastique, lui tiendroit lieu de légitime ; & il veut que dans ce cas l'Ecclésiastique ne laissant pas des acquêts, ou que s'il en laisse ils ne suffisent pas pour payer ses dettes passives, elles soient prises sur son titre clérical à concurrence de la légitime qui pourra lui compéter.

Il suit de là 1°. que le restant du titre clérical ne peut être entamé par les dettes, & qu'il doit toujours faire retour à celui qui l'a constitué ou à son héritier : 2°. qu'un Ecclésiastique peut hypothéquer & aliéner son entiere légitime ; liberté qui est d'ailleurs commune à tout légitimaire (Ecclésiastique ou Laïque) comme nous le verrons sur *l'article 4 du titre 4.*

Déduction faite des frais funéraires.

Les frais funéraires doivent être pris non sur le titre clérical, mais sur la légitime qui en fait partie, suivant cette maxime *unusquisque de suo funerari debet*; si d'ailleurs l'Ecclésiastique fait quelques acquêts, ses frais funéraires doivent être pris tant sur ses acquêts que sur sa légitime.

Article XII.

Les Ecclésiastiques ne peuvent exiger les arrérages de leur titre clérical que de deux années antérieures à la demande qu'ils en auront formée; mais si ledit titre clérical leur tient lieu de légitime en tout ou en partie, ils pourront audit cas en exiger les fruits ou intérêts de tout le temps de droit, à concurrence de la légitime.

IL n'arrivoit que trop souvent que des Ecclésiastiques, après dix, quinze, vingt ans & plus, exigeoient les fruits ou intérêts de leur titre clérical, ce qui ne pouvoit que déranger l'aisance de leurs maisons natales : quelquefois, d'intelligence avec l'héritier de la maison, & pour diminuer la légitime de leurs freres & sœurs puînés, ils donnoient à l'aîné, héritier, quittance des intérêts de leur titre clérical qui avoient couru du vivant même de leurs peres ou meres qui l'avoient constitué, ce qui étoit une tricherie condamnable.

Ces inconvéniens furent relevés lors de la rédaction, & on regarda comme indispensable d'y pourvoir. C'est ce qu'on fit aussi par la premiere disposition de cet *article* 12, qui veut que les Ecclésiastiques ne puissent exiger les rentes ou intérêts de leur titre clérical, que des deux années antérieures à la demande qu'ils en auront formée.

Ce tempéramment, comme l'on voit, est très-sage; il ne lese personne, & prévient la connivence. Il empêche que les Ecclésiastiques laissent accumuler des arrérages dont le paiement pourroit entraîner la décadence d'une famille, & il ne les prive pas du revenu de leur titre clérical, pourvu qu'ils en forment la demande temps par temps.

Mais il en doit être autrement, lorsque le titre clérical tient lieu de légitime, en tout ou en partie; car alors les Ecclésiastiques peuvent en exiger les fruits ou les intérêts de tout le temps de droit, à concurrence de la légitime : c'est ainsi que le regle expressément la seconde disposition de cet article, ce qui est aussi très-juste, parce que rien ne peut priver un légitimaire Ecclésiastique ou non, des fruits de sa légitime, à compter du décès de ses pere ou mere ou autres ascendans qui la devoient, & qu'on peut sans difficulté en exiger les arrérages depuis vingt-neuf ans.

Article XIII.

Les Ecclésiastiques venant à être pourvus d'un Bénéfice-Cure ou des Bénéfices simples dont le revenu se porte, années communes, à la somme de trois cents livres, quitte de toutes charges, leur Titre Clérical audit cas sera retour au Constituant ou à son héritier ; mais si ledit Titre Clérical tenoit lieu de légitime, il ne fera retour audit cas qu'à concurrence de ce qui excédera ladite légitime.

Suivant l'Attestation du Sénéchal, *art.* 4, le retour du titre clérical n'avoit lieu qu'après le décès de l'Ecclésiastique à qui il avoit été constitué.

L'ancienne Coutume de Barege, *art.* 18, en exigeoit le retour dès que les Ecclésiastiques avoient un bénéfice capable de les nourrir & entretenir.

En comparant ces deux dispositions lors de la rédaction, l'on opta pour celle portée par la Coutume de Barege, comme plus raisonnable. En effet, le titre clérical n'étant consenti à un aspirant à la prêtrise, que pour lui procurer le moyen d'y parvenir & pour fournir à son entretien, il étoit juste de faire cesser ce bienfait lorsqu'il pourroit s'en passer, & qu'il étoit parvenu à la possession d'un bénéfice suffisant pour son entretien.

TITRE I.

Quoiqu'on remarque sur ce point plus de prévoyance dans l'ancienne Coutume de Barege que dans l'attestation du Sénéchal, elle ne déterminoit pas néanmoins le revenu que devoit avoir un bénéfice pour paroître suffisant à l'entretien d'un Ecclésiastique, & pouvoir opérer le retour du titre clérical en faveur de celui qui l'avoit constitué, ce qui pourroit entraîner à des discussions.

La nouvelle Coutume en cet *article* 13, pourvoit à cet inconvénient en déterminant le revenu que doit avoir le bénéfice, pour pouvoir donner ouverture au retour du titre clérical; elle veut que ce revenu porte, années communes, à la somme de trois cents livres quitte de toutes charges.

Le titre clérical, audit cas, fera retour au constituant ou à son héritier.

L'ancienne Coutume de Barege étoit conçue de maniere à faire entendre que ce retour devoit avoir lieu en faveur de l'héritier de l'Ecclésiastique, comme je l'observe dans mon Commentaire sur cette Coutume, *pag.* 394. Ce doute a été levé par cet article, qui décide bien clairement que le retour doit avoir lieu en faveur du constituant ou de son héritier.

Mais si le titre clérical tenoit lieu de légitime, il ne fera retour, audit cas, qu'à concurrence de ce qui excédera ladite légitime.

Cette seconde & derniere disposition de notre article est une suite du principe exposé sur l'article précédent, qu'un légitimaire, qu'il soit Ecclésiastique ou Laïque, est toujours le maître de sa légitime, & que rien ne peut l'empêcher d'en jouir.

ART. XIV.

Dans le cas que le retour mentionné dans l'article précédent ait eu lieu, si les Ecclésiastiques viennent à perdre leur Bénéfice, à s'en démettre ou à le résigner, ils pourront dans ledit cas rentrer dans la jouissance de leur Titre Clérical, sauf si en résignant leur Bénéfice, il leur eût été accordé sur icelui une pension de trois cents livres, quitte de toutes charges.

IL s'en faut bien que cet article soit grevant pour les héritiers des maisons dans les vallées du Lavedan, ville de Lourde, &c., où le titre clérical n'étoit réversible que par le décès de celui à qui il avoit été constitué, comme je l'ai observé sur l'article précédent, & qu'on peut le voir par *l'art. 4 de l'Attestation du Sénéchal* ; mais il s'écarte de l'ancienne Coutume de Barege, qui fixoit le retour à l'époque où l'Ecclésiastique venoit à obtenir un bénéfice suffisant pour son entretien, & ne lui laissoit pas l'espoir de reprendre la jouissance du titre, lorsqu'il viendroit à perdre son bénéfice, & à s'en dessaisir par démission ou résignation. Notre Coutume ne pouvoit même en cela être absolument arguée de rigueur; il n'étoit pas juste que l'imprudence d'un Ecclésiastique pût être préjudiciable à d'autre qu'à lui.

Toutefois il en est autrement par la nouvelle Coutume, puisque selon la premiere disposition de cet article, les Ecclésiastiques peuvent rentrer dans la jouissance de leur titre clérical, lorsqu'ils viennent à perdre leur bénéfice, à s'en démettre ou à le résigner. Cette faveur est fondée sur les mêmes motifs qui ont donné lieu à la constitution du titre clérical; c'est pour éviter qu'un Ecclésiastique n'avilisse son caractere par la mendicité.

Sauf si en résignant leur Bénéfice, il leur eût été accordé sur icelui une pension de trois cents livres, quitte de toutes charges.

Un Ecclésiastique, en résignant son bénéfice, auroit pu se réserver une pension de trois cents livres, & néanmoins prétendre rentrer dans la jouissance de son titre clérical, sous prétexte qu'il n'auroit plus le bénéfice. Notre article, qui a prévu que cette prétention pourroit être élevée, la décide contre l'Ecclésiastique, & avec raison; car le titre clérical étant réversible au constituant aussi-tôt que l'Ecclésiastique est pourvu d'un bénéfice dont le revenu se porte à trois cents livres, quitte de toutes charges, suivant l'article précédent, il ne doit pas conséquemment lui être permis de rentrer dans la jouissance du titre, dès qu'il lui reste une pension de la même valeur de trois cents livres, quitte de toutes charges.

Art. XV & dernier.

Le Titre Clérical ou les biens qui les constituent doivent être rapportés à la masse, & faire fonds pour la fixation de la légitime compétant les freres ou sœurs de l'Ecclésiastique, sans néanmoins que ce rapport puisse en rien préjudicier aux droits de ce dernier, à raison de son Titre Clérical.

C'ÉTOIENT deux questions très-controversées, si le titre clérical devoit être rapporté à la masse & faire fonds pour régler les légitimes des freres & sœurs de l'Ecclésiastique; & si le titre clérical pouvoit être ébreché pour parfaire ces légitimes.

J'agitai entr'autres ces deux questions dans mon Commentaire; & lors de la rédaction, l'on crut nécessaire de les faire cesser pour nos pays coutumiers; c'est ce qui amena la disposition de cet article, qui ordonne, 1°. que les biens qui constituent le titre clérical soient rapportés à la masse, & fassent fonds pour la fixation de la légitime compétant les freres & sœurs de l'Ecclésiastique; 2°. que ce rapport néanmoins ne puisse préjudicier en rien aux droits de l'Ecclésiastique à raison de son titre clérical. C'est l'opinion que j'avois adoptée dans mon Commentaire, où l'on trouvera, sous *le tit.* 18, d'autres questions importantes qui peuvent encore avoir lieu.

TITRE DEUXIEME.

Des personnes Nobles, soit Ecclésiastiques, soit Laïques.

ARTICLE UNIQUE.

Conformément à la délibération des gens des trois États du Pays & Comté de Bigorre, en date du 13 Décembre 1767, les Nobles, soit Ecclésiastiques, soit Laïques, disposeront librement de leurs biens, suivant le Droit écrit, sans néanmoins que la présente rédaction puisse tirer à conséquence pour les contestations mues sur ce point, ni préjudicier aucunément aux droits & prétentions respectives des Parties (1).

---

(1) Rien de plus juste que cette disposition ; on la voit dans la rédaction de presque toutes les Coutumes, comme une suite de la maxime de droit que les nouvelles Lois ne portent que sur l'avenir. Toutefois, par une inconséquence frappante, l'on passa par-dessus cette maxime lors même de cette rédaction, en laissant aux peres & meres la liberté d'instituer héritiers ceux de leurs enfans qu'ils trouveroient à propos, quoique nés sous les anciens usages ; chose d'autant plus étrange, que l'Attestation du Sénéchal ni la Coutume de Barege ne laissoient aucun louche sur la maniere de succéder parmi les non Nobles, & que ceux-ci les regardoient unanimement comme leur unique Loi en cette matiere. Voyez mes Observations sur l'article premier qui suit, & auquel je vais passer de suite, la contexture de celui-ci ne me paroissant pas laisser des difficultés.

TITRE TROISIEME.

Des Successions en ligne directe.

Article Premier.

Les peres & meres héritiers, & non Nobles, pourront instituer héritier en tous leurs biens avitins, de souche & acquêts, celui de leurs enfans mâles ou femelles habiles à succéder qu'ils jugeront à propos, soit que lesdits biens soient nobles ou non, sauf la légitime telle que de droit aux autres enfans.

Voici un changement notable aux anciens usages, à l'ancienne Coutume, qui parmi les personnes non nobles, fixoient incontestablement la succession sur la tête du premier né, mâle ou femelle.

Ce changement étoit néanmoins utile & nécessaire. Un premier né pouvoit se prévaloir de l'avantage d'être appelé *de droit* à la succession. Ses pere & mere n'avoient pas de frein à lui opposer. Les puînés n'ayant aucun espoir à l'hérédité, en étoient découragés ; il étoit donc d'une grande importance pour le bien des familles &

de

de la société civile d'obvier pour l'avenir à ces inconvéniens, en rentrant dans le droit commun, & laissant aux peres & meres la liberté de faire héritier celui de leurs enfans qui leur paroîtroit le mériter le plus. Rien de plus propre en effet pour ranimer l'amour filial, contenir les enfans dans le respect qu'ils doivent à leurs ascendans, & pour exciter leur émulation.

Aussi aux approches de la rédaction, auteur de cette idée, je la mis en avant, & la fis proposer dans les divers endroits assujettis à nos Coutumes; mais, chose singuliere, quoique l'avantage qui dût en résulter fût sensible, sans présenter nul inconvénient, elle trouva d'abord une forte résistance parmi les gens illitérés, & c'étoit le plus grand nombre. Nés sous l'ancienne Coutume, ils vouloient, disoient-ils, y mourir, & la transmettre à leurs enfans, telle qu'ils l'avoient trouvée sur ce point.

Il est difficile de détruire des idées qui tiennent à l'habitude & au préjugé; j'y parvins en proposant un tempéramment bien simple & propre à satisfaire les différens goûts. Il consistoit à donner aux peres & meres la liberté de disposer, & à laisser subsister l'ancienne Coutume à l'égard de ceux qui mourroient *intestats* ; en sorte qu'en ce dernier cas le premier né seroit héritier. Ce parti réussit. La Vallée de Barege fut la premiere à

E

l'adopter par une délibération solemnelle. Tous les autres pays coutumiers de la Province suivirent successivement son exemple. Mais une chose plus singuliere encore, c'est que le nouveau point de Coutume unanimement reçu & accordé en l'Assemblée des trois Ordres de la Province, on voulut que les peres & meres jouissent dès aussitôt que la rédaction seroit consommée de cette liberté de disposer.

On eut beau représenter qu'un premier né se trouvant déjà saisi par la Coutume alors existante du droit de succéder, n'en pouvoit être frustré par la nouvelle; qu'une Loi ne porte que sur l'avenir, & ne peut avoir un effet rétroactif, suivant la regle de droit, *leges futuris non præteritis dant formam*. Que nos Rois eux-mêmes s'étoient toujours fait un devoir de suivre cette regle, comme on le voyoit par leurs Ordonnances; entr'autres, *par les derniers articles de celle de Février* 1731, *contenant les donations, & d'Août* 1735, *concernant les testamens*. Tout fut inutile. Le Tiers-Etat s'obstina à vouloir jouir dès à présent, & j'avoue que parmi les Députés je demeurai seul d'une opinion contraire. Il est vrai que la plupart d'entre eux étoient mariés, & avoient des filles aînées, qu'ils cherchoient à exclure, motif qui ne peut autoriser l'infraction aux regles de la Justice & des Lois.

TITRE III.

Sauf la légitime telle que de droit pour les autres enfans.

La légitime est une portion que la nature assigne aux enfans sur les biens de leurs peres & meres, dont ceux-ci ne doivent ni ne peuvent d'aucune maniere les frustrer. La quotité seulement en est fixée par les Coutumes, ou par les Lois. Nos anciennes Coutumes ne l'ayant point déterminée, nous suivions à cet égard les regles du Droit écrit, qui la fixent au tiers ou à la moitié des biens suivant le nombre des enfans. Et à cet égard les choses en ont resté au même état : l'on peut voir à ce sujet mon *Commentaire*, pag. 172 & *suivantes*, où cette matiere est assez amplement traitée.

Toutefois j'observerai ici que notre article parlant expressément, tant des biens acquêts, que des biens de souche & avitins, fait connoître que la légitime des enfans est due, & doit se prendre généralement sur tous les biens, acquêts ou de souche & avitins, ce qui condamne l'opinion de ceux qui croyoient qu'un enfant institué héritier ès biens de souche & avitins, ou qui auroit été simplement légitimé sur ces biens, n'avoit rien à prétendre sur les acquêts ; j'avois réfuté cette opinion dans mon *Commentaire*, page 174.

Article II.

La disposition de l'article précédent ne pourra néanmoins préjudicier aux enfans premiers nés qui se trouveroient mariés lors de la publication, enregistrement & homologation de la présente rédaction, ni à ceux qui auroient simplement contracté mariage sous la foi des anciens usages, quand même leurs contrats de mariage ne contiendroient en leur faveur aucune institution d'héritier, ce qui aura également lieu en ligne collatérale.

Cet article contient deux dispositions. L'espece de la premiere est telle : Jean & Perrette, mariés ensemble, ayant plusieurs enfans avant la rédaction des Coutumes, ont marié leur aîné avant cette rédaction, mais sans contrat, & par conséquent sans l'avoir expressément institué leur héritier. Pourroient-ils aujourd'hui le priver de leur succession, & instituer héritier un de leurs enfans puînés ?

La raison de douter se prend de l'article précédent, suivant lequel les peres & meres peuvent instituer héritier celui de leurs enfans que bon leur semblera ; liberté dont il paroît qu'ils doivent jouir, d'autant plus qu'ils ne se trouvent pas liés envers l'aîné par aucun contrat.

Toutefois cette question doit être décidée contre Jean & Perrette ; c'est la disposition expresse de cet article, qui est une exception du précédent; & cette exception, que les Rédacteurs fonderent sur la faveur due au mariage, étoit d'autant plus juste, que le premier né, avant la rédaction des Coutumes, n'avoit besoin d'aucune institution expresse, puisqu'il étoit héritier de droit; à quoi l'on peut ajouter que le mariage de l'aîné n'avoit sans doute été effectué que sous la foi qu'il ne pourroit être frustré de la succession.

Ce qui aura pareillement lieu en ligne collatérale (1).

Cette seconde & derniere disposition de notre article est applicable au seul cas où un premier né qui auroit succédé à ses pere & mere, se trouvant sans enfans légitimes, auroit engagé du temps de l'ancienne Coutume son frere ou sœur immédiatement puînés, à se marier dans la maison pour la propagation de la famille, comme héritier présomptif en vertu de l'ancienne Coutume : alors, soit qu'il y ait ou non une institution expresse de la part du frere aîné, celui-ci ne peut le priver de l'hérédité, parce que son frere ou sœur se trouvant mariés dans la maison comme héritiers sous la foi des anciennes Coutumes, la faveur du

---

(1) Cette derniere disposition auroit mieux trouvé sa place à suite de *l'article premier du titre 5 des Successions Collatérales*, auquel elle se rapporte, & dont elle fait une exception, comme le sens l'indique assez.

mariage exige qu'ils ne puiſſent être fruſtrés de l'hérédité.

N'importe que, ſuivant *l'article premier du titre 5 de la Rédaction*, un frere héritier de la maiſon qui n'a point d'enfans, puiſſe inſtituer héritier ès biens de ſouche & avitins tel de ſes freres ou ſœurs que bon lui ſemblera : cette diſpoſition ne doit & ne peut avoir lieu qu'autant que les choſes ſont entieres, c'eſt-à-dire, qu'autant qu'il n'y ait point de mariage contracté dans la maiſon par le frere ou ſœur immédiatement puînés, du temps même des anciennes Coutumes, & avec l'eſpoir de ſuccéder en vertu de ces mêmes Coutumes. C'eſt ainſi que ſe concilie la contrariété apparente d'entre cet article & le premier du titre 5 ; & c'eſt auſſi de cette maniere que l'entendirent les Députés lors de la rédaction.

Il eſt néanmoins un cas où le puîné pourroit être fruſtré ; c'eſt celui où il ſurviendroit des enfans légitimes au frere aîné ; car la ſurvenance des enfans annulleroit tous les engagemens conſentis par ce dernier, ſuivant *la diſpoſition de l'article XXXIX de l'Ordonnance de* 1731, *concernant les Donations*.

J'ai fait remarquer le ſens qu'il falloit donner aux diſpoſitions de notre article, & qu'elles devoient être bornées, ſavoir, *en ligne directe* aux vînés, & *en ligne collatérale* aux enfans nés immédiatement après leurs freres ou ſœurs *héritiers*, qui les uns & les autres se trouveroient mariés du temps & sous la foi de l'ancienne Coutume, comme héritiers présomptifs. Ce seroit une erreur de prétendre qu'elles regardent aussi un puîné quelconque qui auroit été marié avant la rédaction de la Coutume. Toutefois deux célebres Avocats du Parlement de Toulouse l'ont décidé autrement dans l'espece suivante.

Blondin, cadet de famille, & Jeanne, héritiere, s'étant unis en mariage du temps de l'ancienne Coutume, ayant plusieurs enfans, marient leur troisieme en 1758, hors de leur maison, avec un héritier, & lui constituent une certaine somme en dot ou légitime, pour la porter en qualité de bru dans la maison de son mari; quelquetemps après ils marient leur aîné, & l'instituent héritier; mais étant venu à décéder sans enfans, ils marierent leur second, & l'instituerent pareillement leur héritier par contrat : tout cela se passa du temps de l'ancienne Coutume.

Celui-ci se trouvant encore sans enfans, & sans espoir d'en avoir, tant lui que sa mere, héritiere & alors veuve, engagent le quatrieme enfant (la rédaction de la Coutume étant consommée depuis deux ans,) à se marier dans la maison natale, & l'instituent par contrat, leur héritier général & universel.

Question de savoir si cette institution est valable, & si elle peut être attaquée par le troisieme enfant marié, comme simple légitimaire, hors de la maison du temps de l'ancienne Coutume ?

Les deux Avocats consultés séparément, déciderent l'un & l'autre que l'institution n'étoit pas valable & ne pouvoit sortir à effet au préjudice du troisieme enfant, qui se trouvant marié du temps de l'ancienne Coutume, devoit profiter de la succession, tant en vertu de cette même Coutume qui appeloit à l'hérédité les enfans suivant l'ordre de primogéniture, qu'en vertu de la nouvelle Coutume, qui, donnant aux héritiers des maisons, ascendans ou collatéraux, la liberté de disposer des biens de souche, faisoit une exception expresse en faveur des enfans premiers nés mariés avant la rédaction, & sous la foi de l'ancienne Coutume.

Je rends hommage à la sagacité & à la profonde érudition de ces deux Jurisconsultes, & j'avoue que mes lumieres ne peuvent souffrir de comparaison avec les leurs : mais ils n'ont pas été à portée de connoître comme moi les motifs des dispositions de la Coutume rédigée ; c'est d'après ce seul avantage que j'ai sur eux, que j'ose ouvrir une opinion contraire, que j'établis sur les raisons suivantes.

1°. L'exception portée par la premiere partie de cet article, n'a été faite qu'en faveur des premiers nés qui auroient été mariés avant la rédaction ; c'est la disposition littérale de l'article, on ne peut donc pas l'étendre aux enfans puînés qui auroient été mariés avant la rédaction : *qui de uno dicit, de altero negat* : c'est encore une autre maxime qu'une disposition de Coutume doit être resserrée dans son cas particulier, & l'extension qu'on en feroit ici seroit d'autant plus déplacée, qu'il n'est presque pas d'article dans la nouvelle Coutume qui ne fasse connoître qu'on a cherché à s'écarter de l'ancienne, & à rentrer dans le droit commun.

2°. Si l'on eût entendu faire cette exception tant en faveur des puînés que des aînés, on n'auroit pas manqué de le marquer expressément à l'égard des uns, comme on l'a fait à l'égard des autres, & ce défaut suppose seul la dérogation sur ce point à l'ancienne Coutume.

3°. Si l'on fit en faveur des premiers nés l'exception dont s'agit, c'est que, comme je l'ai déjà observé, se trouvant mariés dans la maison pour l'avantage de la famille & sous la foi de l'ancienne Coutume, qui leur assuroit l'hérédité, il n'étoit pas juste qu'ils demeurassent exposés à l'incertitude d'en être privés, de se voir réduits à l'état de légitimaires, & d'être expulsés de la maison après plusieurs années de mariage.

L'on sent bien que ces considérations, qui sont d'un très-grand poids, ne peuvent aucunement militer en faveur des puînés, qui, en se mariant, ont passé dans une maison étrangere, & qui, lorsqu'ils se sont mariés, n'avoient aucun droit sur l'hérédité de leurs pere & mere, mais seulement une espérance fort éloignée & incertaine qui n'a pu nullement influer dans leur mariage : qu'on ne peut pas sur-tout le présumer dans l'espece proposée, puisque le puîné marié hors de la maison avoit deux freres aînés qui ne se marierent qu'après lui, & que son propre contrat établit qu'il fut marié comme puîné & sans nulle réserve en sa faveur d'aucun droit sur l'hérédité.

4°. La derniere disposition de notre article n'a rien non plus qui vienne à l'appui de l'opinion des Avocats consultés sur le cas dont s'agit : en effet, cette derniere partie ne regarde que la ligne collatérale; on n'en peut donc rien conclure pour l'espece qui nous occupe, puisque c'étoient le pere & la mere qui avoient marié leur troisieme enfant, & l'avoient marié en qualité de puîné & de simple légitimaire.

5°. Enfin, une autre raison non moins décisive à donner contre l'opinion que je combats, c'est que notre article ne portant pas taxativement son exception sur les puînés, la question doit être jugée suivant les regles du Droit écrit, aux termes formels du dernier article de la Coutume rédigée ; & l'on sait que le Droit commun laisse à chacun la liberté de disposer de ses biens à son gré : *uti quisque legassit, ita jus esto*. Leg. 120, *ff. de verb. signif.*

D'après toutes ces raisons, l'on peut conclure avec confiance dans l'espece proposée, que l'institution contractuelle consentie en faveur du quatrieme enfant marié dans la maison par sa mere héritiere & sa sœur, est très-valable, & doit sortir à effet, & que le troisieme enfant, marié hors de la maison avant la rédaction de la Coutume, ne sauroit l'attaquer avec succès.

Article III.

Sera néanmoins loisible auxdits peres & meres de disposer en faveur de qui bon leur semblera de la quarte des biens avitins & de souche, ensemble de la totalité de leurs acquêts; & dans le cas qu'ils en auront ainsi disposé, les dettes passives par eux contractées seront prises sur les acquêts, ensuite sur la quarte : & en cas d'insuffisance desdits acquêts & de ladite quarte, sur les trois quarts restans des biens avitins & de souche, sauf pour les frais funéraires qui seront pris indistinctement & dans tous les cas, sur tous les biens du décédé.

Cette disposition n'est pas nouvelle. Déjà avant la rédaction les peres & meres jouissoient de la même faculté dans les vallées de Lavedan, ville de Lourde, Baronnie des Angles, &c. comme on le voit par *l'art. 1er. de l'Attestation de* 1704. Selon *l'art.* 10 *de la même Attestation*, les gendres & les brus dans le pays de Riviere-Ousse &

Marquisat de Benac pouvoient instituer héritier de leurs légitimes & dots celui de leurs enfans qu'ils jugeoient à propos ; & en défaut de disposition, les légitimes ou dots se partageoient par égale portion entre les enfans : la Coutume de Barege gardoit le silence quant aux peres & meres qui avoient des enfans ; mais l'usage, qui est l'interprete comme l'origine des Coutumes, s'étoit expliqué en leur faveur, ainsi que je l'ai fait voir dans mon Commentaire sur cette Coutume, *pag.* 144 *& suivantes.*

De plus, cette Coutume distinguoit entre les héritiers qui avoient des enfans & ceux qui n'en avoient pas. Elle donnoit avec raison à ceux-ci une plus ample liberté, & leur permettoit par *l'art.* 4 de disposer de la moitié des biens de souche & avitins.

Dans le projet qu'on avoit de se rapprocher du Droit commun le plus qu'il seroit possible, on auroit dû laisser subsister cette disposition, & l'étendre à tous les Pays coutumiers de la Province ; néanmoins lors de la rédaction, il fut trouvé convenable de borner à la quarte des biens de souche cette liberté de disposer par les héritiers, qu'ils eussent ou non des enfans, & de réformer à cet égard l'ancienne Coutume de Barege, ainsi que l'usage dont il a été parlé, qui avoit lieu dans le ressort du Marquisat de Benac & pays de Riviere-Ousse, pour rendre ainsi la Coutume uniforme, & que tous les pays coutumiers de la Province fussent régis par une seule & même Coutume.

Enfemble de la totalité de leurs acquêts.

Telle étoit déjà la disposition de nos anciennes Coutumes, comme on le voit par *l'art. 7 de celle de Barege*, par *l'art. 5 de l'Attestation de 1704*, & par mon Commentaire, *pag.* 167.

Et dans le cas ils auront ainsi disposé, les dettes passives par eux contractées seront prises sur les acquêts, ensuite sur la quarte, & en cas d'insuffisance desdits acquêts & de la quarte, sur les trois quarts restans des biens avitins & de souche.

Tels sont les principes que j'avois exposés dans mon Commentaire, *pag.* 123 & suivantes. La nouvelle Coutume, en les consacrant par des dispositions précises, prévient une infinité de procès, & la maniere dont elles sont rédigées, ne paroît pas exiger d'autre explication. J'observerai néanmoins que cet article assujettissant au paiement des dettes passives les trois quarts restans des biens avitins & de souche, fait connoître que le fidéicommis coutumier introduit par nos Coutumes ne tombe que sur les biens extans au décès de l'héritier; en sorte qu'il peut les aliéner dans le besoin, & qu'il n'y a que les aliénations faites dans le dessein de frauder les héritiers coutumiers qui soient prohibées, comme je l'avois dit dans mon *Commentaire*, *pag.* 114.

Sauf pour les frais funéraires, qui seront pris indistinctement & dans tous les cas sur tous les biens du décédé.

Les anciens Usages du Lavedan, ville de Lourde, Baronnie des Angles, &c., rejetoient les frais funéraires sur la quarte des biens de souche, suivant *les art. 1 & 4 de l'Attestation*. Au contraire, la Coutume de Barege exigeoit que ces frais fussent pris sur tous les biens du décédé; & pour rendre la nouvelle Coutume uniforme, on opta sur ce point pour la disposition de la Coutume de Barege, qui avoit été puisée dans le droit commun. Voyez mon *Commentaire, pag.* 215.

Sauf les frais funéraires qui seront pris indistinctement, & dans tous les cas, sur tous les biens du décédé.

Par ces mots, *& dans tous les cas*, on a voulu dire, soit que le décédé se trouve héritier ou simple légitimaire.

ARTICLE IV.

On entend par biens avitins, *les propres anciens; c'est-à-dire, ceux que les peres & meres ont transmis à leurs enfans, & qu'ils avoient reçus de leurs ascendans ou collatéraux. On entend par* biens de souche, *les propres naissans; c'est-à-dire, ceux que le fils a reçu de son pere ou de sa mere à titre de succession ou de donation, quoiqu'ils fussent acquêts sur la tête desdits pere*

& mere ; comme auſſi, les biens qui lui ſont advenus par voie de ſucceſſion d'un collatéral, quoiqu'ils fuſſent pareillement acquêts ſur la tête de ce collatéral. On entend par biens acquêts, *ceux que le poſſeſſeur a acquis par ſon travail & par ſon induſtrie, ainſi que ceux qui lui ont été donnés ou légués par un parent collatéral ou étranger.*

Ayant été queſtion dans l'article précédent de trois ſortes de biens qui peuvent ſe trouver dans un patrimoine, il étoit convenable de faire connoître ce qu'il falloit entendre par chaque eſpece de ces mêmes biens ; nos anciennes Coutumes n'avoient pas uſé de cette précaution qui fait ceſſer les différentes difcuſſions qui s'élevoient ſur ce point ; & à cet égard, notre article a adopté les principes expoſés dans mon Commentaire, *pag.* 46, 49 & 171.

ARTICLE V.

En défaut de diſpoſition de la part des peres & meres héritiers, le premier né de leur mariage mâle ou femelle, héritera de tous les biens avitins, de ſouche & acquêts, ſauf toujours la légitime de droit en faveur des autres enfans.

Cette diſpoſition fut la condition ſous laquelle on obtint en faveur des peres & meres la liberté de faire héritier celui de leurs enfans mâle ou femelle qu'ils trouveroient à propos ; du reſte, elle est très-sage, puisqu'elle tend à la conservation des familles, en évitant le partage des biens par égale portion entre les enfans. Elle condamne aussi l'opinion de ceux qui vouloient (dans la Coutume de Barege) que les acquêts délaissés par des personnes décédées *ab intestat* fussent partagés à leurs proches parens, suivant les regles du Droit écrit. *Voyez mon Commentaire, pag. 46 & suivantes.*

ARTICLE VI.

Toutefois, & dans tous les cas, c'est-à-dire, soit qu'il y ait disposition ou non de la part desdits peres & meres, les enfans d'un premier mariage doivent être préférés aux enfans d'un second ou autre mariage, tant pour les acquêts faits antérieurement au second ou autre mariage, que pour les biens avitins & de souche, même pour ceux qui seroient échus durant le second ou autre mariage.

Nos anciennes Coutumes n'avoient point prévû les divers cas dont il est traité dans cet article & le suivant ; celle de Barege, *art.* 25, parlant des gendres & des brus qui quittent les maisons où ils ont été mariés, y laissant des enfans, se bornoit à leur défendre, en général, de préjudicier à ces enfans ; il étoit donc essentiel d'entrer dans un plus long détail, pour trancher des difficultés qui se présentoient fréquemment, & c'est ce qui fut

fut fait par les difpofitions de cet *art. 6* & du fuivant.

Pour mieux entendre celui-ci, fuppofons que Pierre, héritier, fe marie avec Henriette, légitimaire, qui vient à mourir laiffant des enfans de fon mariage, Pierre convole en fecondes noces avec Jeanne, autre légitimaire, dont il a auffi des enfans, & vient à décéder fans avoir difpofé; queftion de favoir comment doivent être partagés fes biens confiftant en biens de fouche ou avitins, & en biens acquêts.

D'après la difpofition formelle de cet article, il faut répondre que c'eft l'aîné des enfans du premier lit qui doit hériter des biens de fouche ou avitins, quand même ils feroient échus durant le fecond mariage, qu'il doit hériter auffi des acquêts faits ou furvenus, conftant le premier mariage & antérieurement au fecond. Mais que c'eft l'aîné des enfans du fecond lit qui doit être héritier des acquêts faits ou furvenus conftant le fecond mariage & antérieurement à un troifieme; & dans l'un & dans l'autre cas, les autres enfans, foit du premier, foit du fecond, ou autre lit, ne doivent avoir qu'une légitime telle que de droit, qui fera prife indiftinctement fur tous les biens délaiffés par Pierre, héritier.

Suppofons maintenant que Pierre n'ayant que des biens de fouche & des acquêts exiftans à fon fecond mariage, en eût difpofé à titre d'inftitution

F

héréditaire en faveur des enfans de son second lit, cette disposition seroit-elle valable ?

Non, sans doute, puisque notre article assujettit expressément les peres & les meres à instituer héritier un de leurs enfans du premier mariage préférablement à ceux d'un second ou autre lit pour les biens de souche & pour ceux acquis ou avenus antérieurement au second mariage.

Véritablement c'est retrancher de la liberté indéfinie, que l'article premier de ce titre accorde aux peres & meres d'instituer héritier celui de leurs enfans qu'ils trouveront à propos ; mais cette restriction étoit convenable, & l'intérêt des enfans d'un premier mariage la réclamoit.

Article VII.

Lesdits peres ou meres qui convoleroient à de troisiemes noces, doivent pareillement instituer un des enfans de leur second mariage, par préférence à ceux du troisieme, pour les acquêts par eux faits durant ledit second mariage, & antérieurement au troisieme ; & venant à décéder sans avoir disposé, le premier né de chaque mariage est pareillement héritier des acquêts faits durant chaque mariage.

Cet article ne paroît présenter aucune difficulté, & d'après mes observations sur l'article précédent dont il est une suite, je crois devoir passer à l'article qui suit.

TITRE III.
ARTICLE VIII.

Dans le cas du convol desdits peres ou meres, il sera procédé dans les trois jours, à l'amiable & sans frais, par celui qui aura convolé, & les deux plus proches parens de ses enfans, à un inventaire de tous les biens de la maison, duquel inventaire il sera fait double, pour rester l'un au pouvoir d'un desdits parens, & l'autre au pouvoir de celui qui aura convolé, & sera ledit inventaire signé des Parties, si elles savent, & en défaut, il sera fait devant Notaire. Il sera fait pareil inventaire en cas de convol en troisiemes noces, à l'effet de fixer les acquêts faits durant le second mariage.

LA précaution prescrite par cet article avoit échappé aux Rédacteurs de nos anciennes Coutumes; elle est néanmoins très-intéressante pour les enfans d'un premier mariage, & sert à éviter des procès entre les enfans de divers lits. L'article est d'ailleurs rédigé de maniere à n'avoir pas besoin d'autre explication.

ARTICLE IX.

La légitime des enfans de différens mariages, soit qu'il y ait disposition ou non, sera prise & fixée généralement sur tous les biens délaissés par leurs peres & meres, & payée par chacun de ceux qui auront recueilli lesdits biens, à concurrence de la portion qu'il en aura eue, sauf, en cas de retranchement, à remonter des dernieres constitutions ou donations, aux premieres.

QUOIQUE des secondes, & moins encore des troisiemes noces, ne soient pas regardées bien favorablement lorsqu'il existe des enfans d'un précédent lit, toutefois ceux qui naissent de ces mariages ne sont pas moins dignes de l'attention & de l'appui des Lois ; aussi leur assignent-elles sur le patrimoine de leurs peres & meres une légitime égale à celle des enfans du premier lit ; & c'est ce que fait de son côté *cet article 9*, en disant que la légitime des enfans des différens mariages doit être prise & fixée généralement sur tous les biens délaissés par leurs peres & meres, sans distinguer s'ils sont de souche ou acquêts, & soit que les peres & meres aient disposé ou non ; c'est-à-dire, soit que leurs héritiers se trouvent institués par eux, ou bien par la Coutume.

Les peres & meres qui ont convolé, peuvent disposer non-seulement quant à l'institution héréditaire, mais encore pour constituer la légitime à leurs autres enfans ; mais supposons qu'ils aient disposé en faveur de deux ou trois enfans légitimaires ; qu'ils leur aient donné ou constitué en légitime une somme qui excede la légitime telle que de droit, & qu'ils n'aient rien ou presque rien constitué à d'autres de leurs enfans ; que faut-il faire dans ce cas pour que ceux-ci aient la légitime telle que de droit ? Notre article prévoit cette question, & veut qu'en pareil cas les constitutions excessives soient retranchées pour fournir ou pour parfaire la portion d'un légitimaire à qui elle manqueroit en entier ou en partie ; & alors il faut commencer par retrancher la derniere, & remonter successivement & par gradation jusqu'à la premiere, s'il est nécessaire, pour trouver la portion de légitime de celui ou de ceux à qui elle manque ; c'est ce que veut dire cette derniere disposition de notre article, *sauf, en cas de retranchement, à remonter des dernieres constitutions ou donations aux premieres.*

Cette disposition est fondée sur celle *de l'article XXXIV de l'Ordonnance du mois de Février* 1731, concernant les Donations. Voyez mon *Commentaire*, page 181, & les deux précédentes.

ARTICLE X.

Les biens avitins & de souche qui auroient été aliénés, seront remplacés sur les acquêts, eu égard à la valeur desdits biens avitins & de souche au temps de leur aliénation.

Nous avons vu que l'article 3 de ce titre avoit prévu la fraude que de chefs de famille pourroient commettre pour rendre inutile ou ébrécher le fidéicommis coutumier, en empruntant pour faire des acquêts dont ils viendroient à disposer au préjudice des héritiers appelés par la Coutume, & que pour éviter cette fraude, il avoit ordonné que les dettes contractées par les chefs de famille seroient d'abord prises sur les acquêts & sur la quarte des biens de souche.

C'est dans le même objet que cet *article* 10 exige que les biens de souche qui auroient été aliénés, soient remplacés sur les acquêts; cette disposition, qui n'est qu'une suite *de l'article* 3, étoit nécessaire; elle est fondée sur les maximes du droit coutumier & du droit écrit. Voyez *la Coutume de Paris*, art. 232, *la Loi* 5, §. *circà venditionem*, *ff. de donat. inter vir & uxor.*

Eu égard à la valeur desdits biens avitins & de souche au temps de leur aliénation.

Cette disposition nous apprend qu'il ne suffit pas de répéter sur les acquêts le prix des biens de souche aliénés, tel qu'il seroit énoncé dans les actes de vente; le vendeur & l'acquéreur pourroient s'entendre & déguiser le prix dont il auroit été convenu. Il pourroit même arriver que le vendeur aliéneroit à vil prix sans aucun dessein de fraude; c'est pourquoi cet article, par sa derniere disposition, exige que le remplacement qu'il prescrit ait lieu eu égard à la valeur des biens au temps de leur aliénation.

TITRE III.

ARTICLE XI & dernier.

Le remplacement mentionné dans l'article précédent, sera fait sur les acquêts en nature, s'ils sont situés dans le Pays coutumier ; & si lesdits acquêts ont été faits hors du territoire de la Coutume, le remplacement sera fait en argent.

NOTRE Coutume, après avoir ordonné dans l'article précédent que les biens de souche & avitins qui auroient été aliénés, seront remplacés sur les acquêts, prescrit dans celui-ci la maniere dont ce remplacement doit être fait, & à cet égard elle distingue & veut que si les acquêts sont situés en pays coutumier, le remplacement soit fait sur les acquêts en nature, par cette raison que, *subrogatum sapit naturam subrogati* ; mais si au contraire les acquêts sont situés en pays de droit écrit, elle veut que le remplacement soit fait en argent, en quoi notre Coutume considere l'intérêt des héritiers coutumiers à qui des biens situés en pays de droit écrit pourroient ne pas convenir, soit par leur situation, soit parce qu'ils ne s'en trouveroient pas à portée.

TITRE QUATRIEME.

De la Légitime, Supplément & retour d'icelle.

ARTICLE PREMIER.

La légitime des enfans fur les biens délaiffés par leurs pere & mere, fe reglera fuivant leur nombre, conformément au droit commun; c'eft-à-dire, que fe trouvant au nombre de quatre & au-deffous, c'eft le tiers des biens qui fe partage également entre eux, ou bien la moitié, s'ils font au nombre de cinq & au-delà.

L'ATTESTATION du Sénéchal, ni l'ancienne Coutume de Barege, ne difoient pas grand'chofe concernant la légitime des enfans. La premiere n'en parle qu'en *l'article premier*, pour dire que cette légitime doit être fixée fuivant le nombre des enfans. La Coutume de Barege, *art.* 8, difoit feulement que les peres & meres devoient bailler les *légitimes égales*, gardant en cela le nombre d'enfans, & non autrement, s'il n'étoit trouvé convenable par confidération particuliere, connue des plus proches parens.

TITRE IV.

La nouvelle Coutume, comme l'on voit, entre dans un plus grand détail, & prévient ainsi beaucoup de procès.

Par cet article premier, elle détermine d'une maniere précise, la quotité de la légitime des enfans sur les biens de leurs peres & meres, & veut que s'ils sont au nombre de quatre & au-dessous, ce soit le tiers des biens qu'ils aient à partager entre eux par égale portion; ou bien la moitié, s'ils sont au nombre de cinq, & au-delà, conformément à la maxime puisée dans le Droit écrit, & renfermée dans ce distique latin.

Quatuor aut infrà natis dant jurat trientem semissem vero, fuerint si quinque vel ultrà.

C'est une question sur laquelle tous les Auteurs sont partagés; savoir, si lorsqu'une Coutume se tait sur la quotité de la légitime des enfans, il faut suivre la Coutume de Paris, ou bien le Droit écrit. Le silence de nos anciennes Coutumes sur ce point, pouvoit avoir donné lieu à cette difficulté; néanmoins depuis long-temps, dans le Pays régi par ces Coutumes, l'on suivoit à cet égard les regles du Droit écrit, & à tout événement, cette nouvelle Coutume en fait une loi expresse.

ART. II.

Lorsque les peres & meres ayant fixé le montant de la légitime à leurs enfans, auront excédé la légitime telle que de droit, l'excédent sera pris,

1°. *sur les acquêts*; 2°. *sur la quarte, suivant l'ordre des dates des différens avantages, sans qu'en aucun cas on puisse recourir sur les trois quarts des biens avitins & de souche.*

Pour mieux entendre cet article, supposons que Pierre ayant quatre enfans est venu à décéder ayant constitué en légitime en divers temps, à deux de ses enfans, une somme de 1500 liv. à chacun. Supposons encore qu'il aie laissé un patrimoine de 10000 liv., dont 1000 liv. d'*acquêts*.

Suivant les regles du Droit écrit, la légitime des enfans, au nombre de quatre, est un douzieme; c'est-à-dire, que sur un patrimoine de 10000 l., tel que nous le supposons, il leur compete à chacun 833 liv. 6 s. 8 d.

Comment donc faire pour que ces deux enfans soient payés des 1500 liv. que leur pere leur a donné ou constitué en légitime à chacun ?

Il faut d'abord s'occuper de la donation, qui est la premiere en date ; & pour la remplir, il faut prendre sur les acquêts 666 liv. 13 s. 4 d., qui, jointe à 833 liv. 6 s. 8 d., à quoi porte la légitime de chaque enfant, forme justement la somme de 1500 liv. comprise dans la premiere donation.

Il faut venir ensuite à la seconde donation, & pour la remplir, il faut commencer d'ajouter à

TITRE IV.

la légitime telle que de droit, la somme de 333 l. 6 f. 8 d., qui avoit resté des acquêts supposés être de valeur de 1000 l. Le surplus pour parfaire les 1500 l. de la seconde donation, doit être pris sur la quarte des biens de souche du pere décédé.

Supposons maintenant que Pierre n'ayant qu'un patrimoine de 6000 liv., dont 500 liv. d'acquêts, eût fait le même avantage à deux de ses enfans puînés, la légitime seroit alors de 500 liv. pour chacun, à quoi il faudroit ajouter pour le premier donataire les 500 liv. d'acquêts; le surplus, jusqu'à 1500 liv. formant l'objet de sa donation, devroit être pris sur la quarte des biens de souche, & par cet ordre, les acquêts se trouvant absorbés, ainsi qu'une partie de la quarte des biens de souche, le second donataire n'auroit à prétendre que ce qui resteroit de ladite quarte, sans pouvoir recourir sur son frere, héritier, sous prétexte que le résidu de cette quarte ne suffisoit pas pour remplir sa donation, parce que les trois quarts des biens de souche doivent toujours revenir intactes à l'enfant héritier : c'est le sens de cet article.

Ce second donataire ne pourroit non plus recourir contre son frere donataire, qui se trouvant le premier en date, ne feroit que jouir de son droit : c'est ce qui résulte de ces termes de notre article, *suivant l'ordre des différens avantages.* Disposition puisée dans l'*article XXXIV* de l'Ordonnance du mois de Février 1731, concernant les donations.

En expliquant *l'article* 8 *de l'ancienne Coutume de Barege*, j'agitois la question savoir, si les peres & meres pouvoient constituer à leurs enfans puînés une légitime plus forte que celle qui pourroit leur compéter de droit. L'article cité de cette ancienne coutume, exigeant que *les légitimes fussent égales & fixées eu égard à la portée des biens*, sembloit décider la question contre les peres & meres, & plus encore ce qui s'observoit dans l'usage : néanmoins, je me déclarai d'un avis contraire, & je me fondois sur ce qu'étant libre aux peres & meres de disposer au profit d'un étranger de leurs biens acquêts, & de la quarte des biens de souche & avitins, il devoit leur être permis à plus forte raison d'en disposer en faveur de leurs enfans, & d'augmenter ainsi leur légitime telle que de droit : mais parce qu'une disposition vague auroit pu être querellée selon l'avis de certains Auteurs de réputation, j'exigeois seulement que des peres & meres en constituant à leurs enfans une légitime plus forte que celle de droit, déclarassent expressément, que l'excédent, s'il y en avoit, seroit pris sur les acquêts & sur la quarte des biens de souche. *Voyez mon Commentaire*, pag. 191 & 197.

La nouvelle Coutume fait cesser à cet égard tout doute, en ordonnant que s'il arrive que les peres & meres, en fixant la légitime à leurs enfans, excedent la portion telle que de droit, l'excédent soit pris d'abord sur les acquêts, & puis sur la quarte des biens de souche & avitins ; ce qui doit avoir lieu, qu'ils aient déclaré expressément, ou non, que telle étoit leur volonté ; mais, comme je l'ai dit ci-devant, il faudroit toujours suivre l'ordre de la date des constitutions pour remplir la premiere de préférence aux ultérieures, sauf qu'elles eussent été consenties à la fois, & par le même acte ; auquel cas, ne pouvant être distingué laquelle seroit la premiere ou la derniere, chacun des enfans seroit fondé à prétendre une portion semblable à celle des autres. Voyez M. *Serres sur l'article XXXIV de l'Ordonnance de 1731, concernant les donations, & Me. Furgole sur le même article.*

ARTICLE III.

Tout légitimaire qui ne se trouveroit pas rempli de sa légitime par la fixation qui en auroit été faite, pourra agir en supplément, & en exiger les intérêts ou les fruits de tout le temps de droit.

IL a été question dans l'article précédent du cas où les peres & meres, en fixant la légitime à leurs enfans, auroient excédé la portion légitimaire telle que de droit. Cet article 3, qui est une suite de l'autre, parle au contraire du cas où les peres & meres, en fixant la légitime à leurs enfans, ne leur auroient pas laissé la portion telle que de droit, & il veut qu'alors les enfans puissent agir en supplément. Cette disposition, qu'on ne voit pas non plus dans nos anciennes coutumes, fut puisée dans *l'art. LII de l'Ordonnance du Roi du mois d'Août* 1735.

Non-seulement notre article veut qu'on puisse agir en supplément, mais qu'on puisse encore en exiger les intérêts de tout le temps de droit, ce qui est très-juste, parce que les intérêts d'une légitime étant dus & pouvant être exigés sans difficulté, il en doit être de même des intérêts du supplément qui est de la même nature que la légitime. *Voyez M. de Cambolas, l. 2, ch. 32; Vedel, liv. 2, ch. 36.*

Et en exiger les intérêts ou les fruits de tout le temps de droit.

C'est-à-dire, dans l'espace de trente ans, à compter du décès des pere & mere, ou autres ascendans sur les biens desquels la légitime est due. C'est donc un point certain, suivant le texte de notre article, qu'un enfant qui ne se trouveroit pas rempli de sa légitime par la fixation qui lui en auroit été faite par ses pere & mere, peut agir en supplément.

Mais supposons que le légitimaire, en recevant de son frere héritier la portion fixée, ait renoncé généralement à tous autres droits, cette renonciation sera-t-elle un obstacle à la demande en supplément, & son frere héritier sera-t-il fondé à la lui opposer ?

Il n'est pas douteux que dans les pays Coutumiers, où le droit écrit n'a pas force de loi, comme, par exemple, dans le ressort du Parlement de Paris, cette renonciation, quoique générale & vague, excluroit le légitimaire de la demande en supplément ; mais il en est autrement dans le pays de Droit écrit, comme dans le ressort du Parlement de Toulouse, où une telle renonciation n'empêche pas l'enfant qui l'a consentie de demander un supplément de légitime, lorsqu'il ne se croit pas rempli par la fixation qui lui en a été faite par ses pere ou mere ; l'on présume alors que s'il s'est d'abord contenté de la fixation qu'ils lui en avoient faite, ce n'a été que pour suivre leur jugement, & par condescendance pour eux ; si bien que quand il auroit expressément renoncé à tout supplément, il seroit reçu à le demander, en impétrant dans les dix ans des lettres en rescision envers l'acte par lequel il auroit renoncé. Voyez *M. de Catellan*, *l.* 2, *ch.* 37 ; *Vedel*, *liv.* 2, *ch.* 36 ; *Serres*, *en ses Institutions au Droit Français*, *pag.* 294 ; *Journal du Palais de Toulouse*, *tom.* 1, *pag.* 299.

Il est remarquable que les trois premiers Auteurs enseignent qu'il en doit être de même dans le cas où un légitimaire, après le décès de ſes pere & mere, eût traité de ſes droits de légitime avec ſon frere héritier ; mais leur opinion ſur ce dernier point n'eſt plus ſuivie ; par cette raiſon qu'un enfant majeur qui a fixé lui-même ſa légitime avec ſon frere héritier, & renoncé moyennant telle ſomme à tous autres droits, eſt cenſé être entré avec lui en diſcuſſion du patrimoine, & que l'accord fait à ce ſujet eſt regardé comme un acte de partage, contre lequel on ne peut revenir qu'autant qu'on auroit été léſé du tiers au quart, & en vertu de Lettres-Royaux qu'on auroit impétré & fait ſignifier dans les dix ans, à compter de l'acte d'accord ; c'eſt ce qui réſulte *de l'Arrêt du Parlement de Touloufe du* 19 *Juin* 1749, *rapporté dans le Journal du Palais de Toulouſe, p.* 311 *& ſuiv.* L'Arrêtiſte, en donnant les motifs de cet Arrêt, s'élève contre la trop grande extenſion qu'on avoit donnée juſques là à l'action en ſupplément de légitime contre l'eſprit & les termes des Lois. Voyez auſſi *M. Rouſille, en ſes Inſtitutions au droit de légitime, t.* 2, *pag.* 95 *& ſuivantes.*

Du reſte, l'on peut remarquer que cette nouvelle opinion s'adapte au mieux à la diſpoſition de notre article, qui ne réſerve l'action en ſupplément qu'à l'enfant, à qui ſes pere & mere auroient laiſſé une moindre légitime que celle de

droit

droit, & ne parle nullement d'un légitimaire qui auroit traité de ses droits avec son frere héritier.

ARTICLE IV.

Les légitimes se trouvant extantes & non consommées par les dettes passives desdits légitimaires, elles seront reversibles à l'héritier de la maison, & doivent être rendues à mêmes pactes & especes qu'elles avoient été payées ; lesdits légitimaires peuvent néanmoins disposer à titre gratuit de la quarte d'icelles, & leurs frais funéraires seront pris sur le total desdites légitimes.

ETANT permis à un Ecclésiastique d'aliéner & consommer sa légitime, selon *l'art.* 11 *du tit.* 1er.; étant encore permis à un héritier d'aliéner & consommer les biens de souche & avitins, comme il résulte *de l'art.* 3 *du tit* 3, *& de l'art.* 2 *du tit.* 5 de notre nouvelle Coutume, il étoit bien juste que tout légitimaire jouît de la même liberté, & c'est aussi ce que suppose nécessairement cet *article* 4, en ordonnant que les légitimes feront retour à l'héritier de la maison, *si elles se trouvent extantes & non consommées* par les dettes passives *desdits légitimaires.*

Quoique cette disposition ne soit pas nouvelle, puisqu'elle est relative à nos anciennes Coutumes, comme on peut le voir par *l'article* 3 *de l'Attestation du Sénéchal,* & par *l'article* 9 *de l'ancienne Coutume de Barege* ; & quoique d'ailleurs elle

G

soit rédigée de maniere à ne pas laisser des doutes, j'en ai vu néanmoins s'élever dans l'espece suivante.

La dame Blaise Carrion fut mariée avec Me. Jacques Lacrampe Médecin, Intendant des eaux minérales de Cauterés, qui faisoit son domicile ordinaire à Argellés, chef-lieu des six vallées du Lavedan; il y eut de ce mariage cinq enfans, dont l'aîné, devenu lui-même Médecin, fut marié avec la demoiselle Duhort, & mourut peu d'années après, laissant deux enfans.

Postérieurement à son décès, la dame Lacrampe sa mere fit donation de la somme de 1000 livres à demoiselle Paule Lacrampe sa fille puînée; & à peu-près dans le même-temps une tante à ladite Paule Lacrampe lui fit aussi donation de la somme de 1500 livres.

Le 4 Août 1781, la dame Lacrampe fait son testament, par lequel elle legue à ladite demoiselle Paule sa fille la somme de 4500 livres pour lui tenir lieu de tous ses droits légitimaires sur ses biens, en laquelledite somme elle l'institue son héritiere particuliere, avec clause expresse qu'elle ratifie la donation de 1000 livres pour avoir lieu en sus de ladite somme léguée pour ses droits de légitime, &c.

Après le décès de la testatrice, la demoiselle Paule Lacrampe, qui jouissoit desdites donations & de ses droits légitimaires, tant du chef paternel que maternel, fait auffi fon teftament, par lequel elle inftitue héritier général & univerfel de tous fes biens Me. Lacrampe, Curé de Seron, un de fes freres puînés, & décede.

Me. Lacrampe fon héritier teftamentaire veut s'emparer de fes biens; Me. Lacrampe, autre Médecin, neveu à celui-là, & héritier coutumier de la maifon de Lacrampe, s'y oppofe, & foutient que la demoifelle Paule Lacrampe n'a pu difpofer à fon préjudice que des trois quarts, tant de fa légitime, que de la donation à elle confentie par la demoifelle Lacrampe.

Ces deux Parties ayant confulté à Tarbe des Avocats, qui furent d'un avis contraire, & ne voulant pas plaider l'un contre l'autre, prirent le parti de confulter de concert deux célebres Avocats du Parlement de Touloufe, qui donnerent la Confultation fuivante :

« Le Confeil fouffigné, qui a vu les pieces,
» Confultations & Mémoires refpectivement
» fournis par Me. Lacrampe, Curé de Seron,
» & Me. Lacrampe fon neveu, Docteur en
» Médecine,

» Eftime, 1°. que Me. Lacrampe, Curé de
» Seron, doit avoir, en vertu du teftament de
» Paule fa fœur, les 1500 livres qui lui avoient
» été données par Cathérine Lacrampe fa tante,
» les 1000 livres dont fa mere lui avoit fait do-
» nation, & le quart de fa légitime.

» Il n'y a point de contestation sur les 1500 l.
» provenues de la tante, parce que toutes les
» Parties conviennent que c'est un acquêt.

» Le quart de la légitime est également dû à
» Me. Lacrampe Curé ; la testatrice n'étoit in-
» hibée que pour les trois quarts, & la Cou-
» tume lui a laissé la libre & entiere *disposition*
» *du quart restant*.

» Quant aux 1000 livres, elles forment évi-
» demment des biens de souche ou avitins qui
» sont indisponibles, à moins qu'ils ne soient
» donnés à la classe des personnes qui sont dé-
» signées par la Coutume, telles que les freres,
» sœurs, neveux, &c. *Me. Lacrampe Curé se*
» *trouve frere de la testatrice & du nombre de*
» *ceux exceptés, & par conséquent cette somme*
» *lui appartient comme les autres*.

» 2°. Il doit payer le quart des frais funérai-
» res, parce que la Coutume a jeté ce genre de
» frais sur la légitime.

» 3°. Les frais de l'inventaire, du scellé, &c.
» doivent être supportés par les deux parties,
» au *prorata* de ce que chacun doit retirer de
» l'entiere succession, attendu que cette précau-
» tion est censée avoir profité à tous ; précau-
» tion que l'une des parties a requise, & que
» l'autre a ensuite approuvée. Délibéré à Toulouse
» le 5 Septembre 1786, &c. &c. »

Le premier point de cette consultation est juridique & conforme à nos principes coutumiers, comme on peut le voir en lisant *l'article 4 du titre 3*.

La décision sur le dernier point, qui concerne les frais du scellé, inventaire, &c. est équitable ; mais elle devient inutile dans le système des auteurs de cette consultation, dont le surplus est un raisonnement captieux, établi sur un point de Coutume qui n'existe pas.

La donation des 1000 livres, consentie par la dame Lacrampe à Paule sa fille, formoit à son égard un bien de souche non moins que sa légitime, suivant *l'article 4 cité du titre 3*. MM. les Avocats consultés, en admettant ce principe, conviennent que la demoiselle Paule Lacrampe ne pouvoit régulierement disposer qu'à concurrence du quart, tant de la donation de 1000 livres, que de sa légitime; mais ils ajoutent qu'elle a pu disposer de la totalité de l'une & de l'autre en faveur de Me. Lacrampe son frere, *qui se trouve dans la classe des personnes que la coutume permet d'instituer*, & que son testament doit sortir à effet.

Je fus frappé de ce système, ne soupçonnant pas dans notre Coutume aucune disposition qui l'autorise. Je voulus m'en assurer, & je lus cette Coutume avec la plus grande attention; je vis que *l'article 2 du titre premier* permettoit d'instituer un des freres ou neveux, & à leur défaut, un des petits-neveux ; mais cette difposition ne regarde que des Eccléfiaftiques héritiers.

Je vis auffi que *l'article premier du titre 5* permet pareillement d'inftituer héritier un frere, un neveu, comme l'on trouvera à propos, & à leur défaut un des petits-neveux ou petites-nieces ; mais cela ne regarde encore que les héritiers qui n'ont point d'enfans ; & jufques là, point de raifon pour prétendre que les puînés légitimaires puiffent en faire autant.

Au contraire, je trouvai que le préfent article 4, (qui les regarde taxativement) porte que fi leurs légitimes ne font pas confommées par les dettes paffives, elles font reverfibles à l'héritier de leur maifon natale : la demoifelle Paule Lacrampe ne pouvoit donc difpofer de fes biens de fouche qu'à concurrence de la quarte, & le furplus devoit revenir à Me. Lacrampe Médecin, fon neveu, comme héritier de la maifon de Lacrampe : cette conféquence ne peut fouffrir le moindre doute, d'autant qu'à cet égard la nouvelle Coutume, comme je l'ai obfervé ci-devant, n'a fait aucun changement aux anciennes, qui prefcrivoient également en faveur des héritiers des maifons le retour des trois quarts des légitimes & de tous les biens de fouche, & c'eft à quoi il faut conftamment s'en tenir.

Les légitimes non confommées font reverfibles à l'héritier de la maifon, *& doivent être rendues*

TITRE IV.

à mêmes pactes & efpeces qu'elles avoient été payées.
Telle étoit auffi la difpofition de nos anciennes Coutumes, comme on peut le voir *par l'article 3 de l'Atteftation du Sénéchal, & par l'article 20 de la Coutume de Barege*, avec cette différence, que cette derniere Coutume vouloit que le paiement du retour fe fît en pareils termes & efpeces, que la légitime avoit été payée en conféquence des pactes de mariage; ce qui devenoit embarraffant lorfqu'il n'y avoit pas de contrat de mariage, comme il arrive le plus fouvent : c'eft pour obvier à cet embarras que notre *article 4* veut que les légitimes foient rendues à mêmes pactes & efpeces qu'elles avoient été payées, ce qu'il eft très-aifé d'établir par les quittances qu'on ne manque jamais de retirer lors du paiement des légitimes. *Voyez mon Commentaire fur l'article 20 de l'ancienne Coutume.*

Et leurs frais funéraires feront pris fur le total defdites légitimes.

J'ai déjà fait remarquer que cette difpofition, contraire à l'Atteftation du Sénéchal, & conforme à l'ancienne Coutume de Barege, avoit été puifée dans le droit commun, qui rejette cette forte de frais fur tous les biens du décédé. J'obferverai ici que fi cet *art. 4* les renvoie fur la légitime, c'eft qu'il fuppofe que le puîné décédé ne laiffe auffi que fa légitime; en forte que s'il avoit en effet d'autres biens, fes frais funéraires devroient être pris fur la totalité.

ARTICLE V.

Dans le cas de difpofition de ladite quarte, le légataire d'icelle ne pourra l'exiger qu'en fuivant les pactes des paiemens qui feront faits de ladite légitime, de maniere qu'il prendra le quart de chaque pacte.

L'HÉRITIER de la maifon, à qui une légitime fait retour, étant obligé de la recevoir à femblables pactes qu'elle avoit été payée, il étoit jufte qu'il ne pût être forcé par le légataire de la quarte à lui payer cette portion qu'à fur & à mefure que la légitime lui rentrât. Il auroit pu néanmoins s'élever à ce fujet des conteftations, que cet *art.* 5 prévient, en déclarant que le légataire ne pourra exiger la quarte qu'en fuivant les termes des paiemens qui feront faits de la légitime, de maniere à ne pouvoir prétendre que le quart de chaque paiement, à mefure qu'ils écherront & feront faits.

Du refte, l'on voit que cet article & les deux qui fuivent, prouvent encore ce que j'ai dit fur le précédent, que les légitimaires ne peuvent difpofer à titre gratuit que du quart de leurs biens de fouche, & que les autres trois quarts doivent revenir à l'héritier de leur maifon natale.

TITRE IV.
ARTICLE VI.

Les enfans des légitimaires, s'il y en a, pourront également disposer de la quarte de ce qui leur sera parvenu desdites légitimes ; mais tout retour cesse sur la tête des petits-fils desdits légitimaires.

CE n'est pas seulement l'enfant héritier du légitimaire qui doit jouir de cette liberté de disposer, mais encore chacun de ses autres enfans, proportionnellement à ce qui leur sera revenu de la légitime de leur pere ; notre article est conçu de maniere à ne laisser à cet égard aucun doute.

L'art. 3 de l'Attestation du Sénéchal, *& l'art.* 9 de l'ancienne Coutume de Barege, qui établissent le retour des légitimes, ne déterminant pas la durée du temps où le retour pouvoit être exercé, l'on regardoit dans l'usage ce droit de retour comme perpétuel, c'est-à-dire, que quelque temps qui se fût écoulé depuis l'acte portant constitution de la légitime, l'on pouvoit en réclamer la restitution au décès du dernier descendant du légitimaire, ce qui étoit très-dur, & pouvoit entraîner la décadence d'une famille, qui se seroit trouvée comptable à la fois de plusieurs légitimes à rendre ; c'est ce qui donna lieu à la seconde disposition de cet *article* 6, qui veut que *tout retour cesse sur la tête des petits-fils des légitimaires*, c'est-à-dire, que le droit de retour est éteint du moment que la légitime est parvenue sur la tête des petits-fils, & qu'on seroit irrécevable à l'exercer. J'obferverai cependant que j'ai vu depuis moins de dix ans deux inftances formées à ce fujet; mais j'ai vu auffi qu'elles avoient été prudemment abandonnées.

ARTICLE VII.

Les légitimaires peuvent encore difpofer, ainfi que bon leur femblera, de tous leurs biens acquêts; & en défaut de difpofition, ils appartiendront à leur héritier coutumier.

LES Eccléfiaftiques, les héritiers des maifons pouvant difpofer librement de leurs biens acquêts, l'on devoit, par voie de fuite, accorder aux enfans, fimples légitimaires, la même faculté.

Il s'en falloit de beaucoup que nos anciennes Coutumes fuffent auffi favorables aux enfans légitimaires en général. Elles en diftinguoient de deux claffes, & mettoient dans la première, les Eccléfiaftiques, les Militaires, les Nobles d'origine, les Docteurs, Avocats, Médecins & autres d'une profeffion diftinguée; elles accordoient à ceux de cette claffe la liberté de difpofer à leur gré de leurs biens *caftrenfes ou quafi caftrenfes*, comme il réfulte de *l'article 7* de l'Atteftation du Sénéchal, & *de l'art*. 16 de l'ancienne Coutume de Barege (1).

---

(1) Voyez mon Commentaire fur cet article, pag. 321.

TITRE IV.

Mais elles traitoient différemment les légitimaires de la seconde classe, c'est-à-dire, les laboureurs, les artisans; & c'étoit sans contredit le plus grand nombre : ceux-ci, selon, *l'art.* 9 de l'Attestation, venant à sortir de leurs maisons natales, sans le consentement de leurs peres & meres, héritiers, étoient obligés de précompter sur leurs légitimes les salaires qu'ils avoient gagné, ou acquêts, qu'ils avoient faits du vivant de leurs peres & meres, si ces derniers ne les leur quittoient ou relâchoient, ce qui étoit très-opposé au droit commun, qui permet au pere seul, en vertu de sa puissance paternelle, d'exiger l'usufruit des biens acquêts de ses enfans, & ne lui donne rien en propriété, dès qu'il ne leur a fourni aucun fonds. C'est ainsi décidé par Justinien, *Institut.*, *liv.* 2, *tit.* 9, §. 1°., sur la fin.

La Coutume de Barege poussoit les choses bien plus loin; elle exigeoit, par *l'art.* 16, que les enfans légitimaires précomptassent leurs acquêts sur leur légitime, non-seulement vis-à-vis de leurs peres & meres, mais encore vis-à-vis de leurs freres & sœurs héritiers, sans que les enfans pussent exiger les fruits de leurs légitimes dont les héritiers n'avoient cessé de jouir, & véritablement ce point de coutume n'étoit pas supportable, puisqu'il réduisoit les enfans à une dépendance qui justifioit exactement la dénomination *d'esclaves* que la Coutume leur donnoit en cet *art.* 16.

En expliquant cet article, je m'étois recrié sur l'injustice & la dureté de sa disposition, & je faisois sentir la nécessité de la réformer dans le cas d'une rédaction; aussi mon vœu a-t-il été rempli, & l'on voit que la nouvelle Coutume a laissé cette disposition à l'écart, & qu'à cet égard on est rentré dans le droit commun.

Cet *art*. 7, par sa premiere disposition, permet, avons-nous dit, à un légitimaire, de disposer à son gré de tous ses biens acquêts. Sa seconde & derniere disposition tombe sur le cas *ab intestat* d'un légitimaire, dont elle veut *que les biens appartiennent alors à son héritier coutumier*, c'est-à-dire, à celui de ses frere ou sœur, & à leur défaut, à celui de leurs enfans qui se trouvera héritier de la maison natale du légitimaire, ce qui doit toujours s'entendre avec cette restriction, qu'en défaut de frere ou sœur, l'héritier de la maison doit se trouver neveu ou niece, petit-neveu ou petite-niece du légitimaire; car s'ils étoient dans un degré plus éloigné, ou qu'ils ne fussent ses neveux que comme issus de cousin-germain, ils n'auroient rien à prétendre sur sa succession en vertu de la Coutume ; *mais la succession appartiendroit alors aux héritiers ab intestat* appelés par le Droit écrit, suivant les principes établis sur les *art*. 2 *& 4 du titre* 1, *& sur l'art*. 1 *du tit*. 5, qu'il ne faut jamais perdre de vue.

TITRE IV.

Et en défaut de difposition, dit notre article, *les biens acquêts appartiendront à leur héritier coutumier.*

Cette difposition fuppofe que le légitimaire foit décédé dans quelqu'un des cantons régis par la Coutume, comme il arrive prefque toujours; mais s'il en étoit autrement, & qu'un légitimaire quoique né dans un quartier des pays coutumiers vînt à fixer fon domicile en pays de Droit écrit, & à y mourir, les biens immeubles qui s'y trouveroient fitués, ainfi que fon mobilier, les rentes conftituées qu'il y auroit acquifes, & généralement tous les biens, meubles ou immeubles qu'il y auroit délaiffés, appartiendroient, non à l'héritier coutumier, mais à fes héritiers *ab inteftat*, fuivant le Droit écrit; c'eft ce qui réfulte formellement de *l'art. 7 du tit. 1, & de l'art. 5 du tit. 5.* J'ai vu ce cas fe préfenter plufieurs fois depuis la rédaction de nos Coutumes, & les intéreffés fe font rangés à mon avis, conforme à ce que je viens de dire.

TITRE CINQUIEME.

Des Successions en ligne collatérale.

ARTICLE PREMIER.

Si l'héritier de la maison n'a point d'enfans, il pourra instituer héritier ès biens de souche & avitins, tel de ses freres & sœurs, ou tel de ses neveux ou nieces qu'il trouvera à propos ; & en cas de prédécès de sesdits freres & sœurs, neveux & nieces, il pourra instituer tel de ses petits-neveux ou petites-nieces que bon lui semblera ; & en défaut de freres & sœurs, neveux & nieces, petits-neveux & petites-nieces, les biens avitins & de souche deviennent libres sur sa tete, & il pourra en disposer ainsi & en faveur de qui bon lui semblera.

CET article renferme trois dispositions ; la premiere porte qu'un héritier qui n'aura pas d'enfans, pourra instituer héritier ès biens de souche & avitins celui de ses freres & sœurs, ou celui de ses neveux ou nieces, enfans desdits ses freres ou sœurs que bon lui semblera.

Suivant la seconde disposition, un héritier qui est sans enfans, sans frere ni sœur, sans neveu ni niece descendans d'eux, peut instituer pour son héritier esdits biens de souche & avitins, tel de ses petits-neveux ou petites-nieces (qui sont petits-fils à un de ses freres ou sœurs) qu'il trouvera à propos.

Enfin la troisieme disposition veut qu'un héritier se trouvant sans enfans, sans frere ni sœur, sans neveu ni niece, sans petit-neveu ni petite-niece, les biens de souche & avitins soient libres sur sa tête, & qu'il puisse en disposer comme bon lui semblera.

On retrouve dans cet article & les deux suivans, en faveur des héritiers laïques qui n'ont point d'enfans, les mêmes dispositions qu'on lit sous les *art.* 2, 3, 4, 5, 6, 7, 8 & 9 du titre premier en faveur des Ecclésiastiques, héritiers des maisons; & en effet, il étoit convenable & de justice qu'on fît jouir les uns des mêmes avantages accordés aux autres.

J'ai parlé à *l'art.* 2 *du tit. premier*, *& sur le premier du tit.* 3, du changement qui avoit été fait à nos anciennes Coutumes, par la nouvelle, sur le point des successions. Je rappellerai ici que les premieres ne laissoient pas à l'héritier actuel la liberté de choisir, c'étoit toujours le frere ou sœur immédiatement puîné, qui étoit son héritier nécessaire, & celui-ci se trouvant prédécédé, c'étoit à l'aîné de ses enfans que l'héritier devoit transmettre sa succession; au lieu qu'aujourd'hui l'héritier qui n'a pas d'enfans, peut choisir parmi ses freres ou sœurs & parmi leurs enfans ; qu'à leur défaut, il peut encore choisir parmi les petits-enfans de ses freres & sœurs qui se trouvent ses petits-neveux.

Mais il ne faut point perdre de vue qu'il ne pourroit user de cette liberté, si celui de ses freres ou sœurs, immédiatement puîné, se trouvoit marié dans la maison comme héritier du temps & sous la foi de l'ancienne Coutume, comme le prescrit la disposition finale de l'art. 2 du tit. 3 ci-devant. A cet égard il faut user en ligne collatérale de la même regle d'équité prescrite pour la ligne directe. Voyez ce qui a été dit sur cet *art. 2 du tit. 3.*

J'observerai ici que, suivant nos anciennes Coutumes, le fidéicommis étoit perpétuel en ligne collatérale, comme en ligne directe, & que tant qu'il existoit des descendans de frere ou sœur, à quelque degré éloigné qu'ils se trouvassent de l'héritier actuel, celui-ci n'avoit pas la liberté de disposer, & ceux-là étoient ses héritiers nécessaires pour les biens de souche & avitins, l'ordre de primogéniture gardé ; au lieu que par notre nouvelle Coutume, le défaut de freres & sœurs, de neveux & nieces, de petits-neveux & petites-nieces entraîne l'extinction du fidéicommis coutumier, si bien que l'héritier actuel, eût-il des arriere-petits-neveux, pourroit néanmoins disposer librement des biens avitins & de souche, non

moins

moins que de ſes acquêts. C'eſt la diſpoſition formelle de notre article, & *de l'art. 4 du tit. premier*.

Par une conſéquence très-naturelle & néceſſaire, un fils unique qui n'auroit point d'enfans ſe trouveroit totalement affranchi du fidéicommis coutumier, & les biens de ſouche & avitins ſeroient libres ſur ſa tête, de maniere à pouvoir en diſpoſer en faveur de qui bon lui ſembleroit.

Article II.

Il ſera néanmoins loiſible audit héritier de diſpoſer comme bon lui ſemblera de la quarte des biens de ſouche & avitins, ainſi que de ſes acquêts; mais dans ce cas, les dettes paſſives par lui contractées ſeront priſes ſur les acquêts, & en cas d'inſuffiſance ſur la quarte, & ſubſidiairement ſur les trois quarts reſtans des biens de ſouche & avitins, les anciennes dettes ſeront priſes ſur la totalité des biens avitins & de ſouche ; & à l'égard des frais funéraires, ils ſeront pris ſur tous les biens dudit héritier décédé.

Quoiqu'un héritier qui eſt ſans enfans doive tranſmettre les biens de ſouche & avitins à un de ſes freres ou ſœurs, neveux ou petits-neveux, en ſuivant l'ordre preſcrit par l'article précédent, il peut néanmoins diſpoſer librement de la quarte de ces mêmes biens, ainſi que de tous ſes acquêts, en faveur de qui bon lui ſemblera ; c'eſt ainſi que nous l'enſeigne la premiere diſpoſition de cet art. 2.

Sa seconde disposition parle des dettes passives qui se trouvent dans la succession de l'héritier décédé sans enfans ; & à cet égard il faut distinguer entre les dettes anciennes ou contractées par les auteurs de l'héritier décédé, & celles qu'il a lui-même contractées ; celles-ci doivent se prendre ou être payées des acquêts, s'il en a laissé ; & en défaut, ou en cas d'insuffisance, il faut prendre de la quarte des biens de souche & avitins, & sur les trois quarts restans, si elle n'étoit pas suffisante : quant aux dettes anciennes, elles doivent se prendre sur la totalité des biens de souche & avitins.

Toutes ces dispositions sont communes aux Ecclésiastiques héritiers, comme on le voit par les *articles 3, 5, 8 & 9 du titre premier*; elles le sont aussi aux héritiers Lais, qu'ils aient des enfans ou non, comme résulte de *l'art. 3 du tit. 3, & de l'art. 2 du tit. 5* : notre Coutume ne fait à cet égard aucune distinction entre les héritiers de ces trois classes, qu'elle a cru aussi favorables les uns que les autres ; elle se proposoit d'ailleurs l'uniformité dans ses dispositions.

Un héritier, avons-nous dit, peut, suivant cet article, disposer de la quarte des biens de souche & avitins : mais comment doit se prendre cette quarte lorsqu'il y a des dettes anciennes ?

Il n'y a pas de doute qu'il ne faille commencer par déduire les dettes anciennes de la totalité des biens avitins & de fouche, & c'eſt la quarte du reſtant qui devra revenir au légataire : cela réſulte des termes de notre article ; mais d'ailleurs c'eſt qu'un héritier ne peut diſpoſer que de la quarte des biens de fouche & avitins, & qu'on ne peut regarder comme biens que ce qui reſte, les dettes paſſives déduites, ſuivant la maxime *Bona non dicuntur niſi deducto ære alieno*. *Voyez mes obſervations ſur les articles cités.*

Je parlerai ici de quelques cas qui ſe préſentent ſouvent. Suppoſons qu'un héritier ait diſpoſé par teſtament de tous ſes biens de fouche, ce teſtament, de cela ſeul, ſera-t-il nul, ou doit-il avoir quelqu'effet ?

Il faut répondre que ce teſtament ſubſiſtera, s'il ne peche pas d'ailleurs du côté de la forme ; mais que la diſpoſition qu'il renferme eſt réductible à la quote des biens de fouche, puiſqu'il n'y a que cette portion dont la Coutume permette de diſpoſer.

Mais *quid juris*, ſi quelqu'un eût diſpoſé de l'uſufruit de tous ſes biens de fouche ?

Il faudroit alors réduire la diſpoſition à la quarte de l'uſufruit, & le légataire devroit s'en contenter. Il oppoſeroit inutilement que ne pouvant jouir de l'entier uſufruit, malgré qu'il lui eût été légué, il devoit au moins avoir en propriété la quarte des biens de fouche, dont le teſtateur avoit la libre diſpoſition.

On lui répliqueroit avec plus de raison que le testateur, qui véritablement pouvoit lui léguer en propriété la quarte des biens de souche, ne l'avoit pourtant pas fait; qu'ainsi lui légataire ne pouvoit la prétendre, d'autant que le testateur ne lui ayant pas légué la quarte, quoiqu'il l'eût pu, il est à présumer que ce n'a pas été non plus sa volonté de le faire, & qu'on ne doit pas s'arrêter à ce qu'il a pu faire, mais à ce qu'il a fait. *Voyez Ferriere, en son petit Commentaire sur la Coutume de Paris, article* 292, *tome* 2, *p.* 253.

Du reste, il est aisé de sentir que ces décisions s'adaptent aussi aux simples légitimaires, & généralement à toute personne qui possede des biens de souche.

Article III.

Ledit héritier venant à décéder ab intestat, *tous ses biens avitins, de souche & acquêts, appartiennent au premier né de ses freres & sœurs, s'il en a, ou au premier né des enfans, soit mâle ou femelle du frere ou sœur aînés; & n'y ayant point de frere ni sœur aînés audit héritier décédé* ab intestat, *ni descendans d'eux, la succession appartient à son frere ou sœur, immédiatement puînés, ou à l'aîné ou aînée de leurs enfans les représentant, & ainsi successivement de l'un à l'autre, suivant l'ordre de primogéniture.*

L'on peut voir que cet article a été rédigé mot

pour mot fur *l'article 6 du titre premier*. Un héritier Lai, fans enfans, & l'Eccléfiaftique, héritier, fe trouvant dans la même pofition, ce qui avoit été décidé à l'égard de l'un, devoit l'être auffi à l'égard de l'autre. Voyez mes obfervations fur cet article 6.

Ledit héritier venant à décéder ab inteftat, *tous fes biens avitins, de fouche & acquêts, appartiennent au premier né de fes freres & fœurs.*

Cette difpofition fuppofe que tous les biens de l'héritier décédé *inteftat* foient fitués dans les pays régis par nos Coutumes; car s'il y avoit des immeubles ou des rentes conftituées en pays de droit écrit, ce feroient les plus proches parens qui y fuccéderoient, fuivant les maximes du droit écrit. C'eft ce qui réfulte de l'art. 5 ci-après, & de l'art. 7 du titre premier.

Ou au premier né de fes enfans, &c.

Il ne faut pas conclure de ces mots de notre article, qu'il appelle indifféremment le frere & fœur aînés du décédé, ou le premier né de leurs enfans, car celui-ci ne doit venir & n'eft appelé qu'au défaut de fon pere ou de fa mere.

Il eft vrai que fuivant l'art. premier de ce titre, fon oncle auroit pu l'élire pour fon héritier, de préférence au pere ou à la mere; mais ne l'ayant point fait, & au contraire étant mort *inteftat*, il eft indifpenfable de fuivre l'ordre de primogéniture, & ce n'est qu'au défaut du frere ou sœur aînés que les enfans peuvent prétendre à la succession de leur oncle décédé *intestat*. Le sens de cet article est tel, on ne peut s'y tromper, toutefois ç'auroit été mieux de le rédiger de la maniere qui suit :

Ledit héritier venant à décéder ab intestat, tous ses « biens avitins, de souche ou acquêts, appar-
» tiennent au premier né de ses freres & sœurs,
» s'il y en a, & à leur défaut, au premier né
» des enfans du frere ou sœur aînés. »

ARTICLE IV.

Conformément à la regle paterna paternis, materna maternis, *les freres consanguins ne succedent pas aux utérins, ni les utérins aux consanguins ; mais si le décédé n'en a autrement disposé, tous les biens extans doivent revenir à celui qui se trouvera héritier de la maison d'où ils étoient sortis ; en sorte qu'on n'a aucun égard au double lien ni au plus prochain degré de parenté : telles hérédités ou successions sont déférées à un collatéral, qui quelquefois n'est parent du défunt qu'au quatrieme ou cinquieme degré du côté de son pere, au préjudice des freres & sœurs utérins du même décédé de la succession duquel il s'agit. Il en est de même en pareil cas des utérins contre les consanguins, lorsque les biens qui composent la succession dont* s'agit, *font venus du chef de la mere ou de la maifon d'où elle étoit fortie.*

CET article 4 a été tiré de *l'article 6 de l'Attef- tation de 1704*, dont on a fuivi les propres termes, à l'exception de trois mots, qui ont été retranchés. On lifoit ainfi dans cette atteftation :

Mais telles hérédités, fucceffions, honneurs, dignités & prérogatives font déférées à un collatéral, &c.

C'eft ces trois mots *honneurs, dignités & prérogatives*, qui lors de la rédaction furent fupprimés, d'autant que les hérédités où il y a des honneurs, dignités & prérogatives attachées font d'ordinaire poffédées par la Nobleffe, qui venoit d'être affermie dans la liberté de difpofer de fes biens conformément au droit écrit, comme on le voit par *l'article unique du tit.* 2.

Une autre obfervation importante à faire fur cet article, c'eft que la regle *paterna paternis, materna maternis*, eft, comme je l'ai dit ailleurs, une fuite du fidéicommis coutumier introduit par les Coutumes; de forte que cette regle ceffe & n'a plus lieu lorfque le fidéicommis ceffe lui- même; comme dans le cas où un héritier fe trouvant fans enfans, fans frere ni fœur, fans neveu ni niece & fans petits-neveux ni petites-nieces, peut librement difpofer de fes biens de fouche & avitins, fuivant l'art. premier de ce titre, ou que dans cette même pofition il vient à décéder *inteftat*; il eft fenfible que dans ces deux cas, la regle *paterna paternis, materna maternis*, ne peut avoir lieu, puifque notre Coutume en difpofe tout autrement, & que dans les cas dont on vient de parler, non-feulement elle permet que les biens paternels & maternels foient confondus, mais encore qu'ils paffent à des perfonnes étrangeres.

Article V.

Toute forte de perfonnes non nobles qui, n'étant ni originaires ni domiciliés au Pays coutumier, viendroient à faire de acquifitions dans ledit Pays, foit qu'elles confiftent en immeubles, meubles ou rentes conftituées, & viendroient à décéder fans difpofition, les meubles appartiendront à celui ou à ceux qui font fes héritiers ab inteftat *par le Droit écrit, & lefdits immeubles appartiendront à l'héritier coutumier, ainfi que les rentes conftituées, dont les débiteurs feront domiciliés dans ledit Pays coutumier.*

Quoiqu'on ne foit pas originaire de nos Pays coutumiers, & qu'on n'y foit pas domicilié, l'on pourroit y avoir fait des acquifitions, foit en meubles, foit en immeubles, foit en rentes conftituées : notre Coutume, qui a prévu ce cas, décide en cet article, comment on fuccéderoit à un particulier décédé *inteftat*, qui fe trouveroit dans cette position, & nous enseigne qu'alors les meubles du décédé devroient appartenir à ses héritiers *intestat* par le Droit écrit, & il en doit être de même des meubles qui se trouveroient en Pays coutumier, par cette raison que les meubles n'ayant pas de situation fixe, suivent la personne du maître, & se reglent par les lois du domicile du maître; mais l'héritier coutumier doit succéder aux immeubles situés dans le ressort de nos Coutumes, parce qu'à l'égard des immeubles, il faut suivre la Coutume du lieu où ils sont situés; & il en faut dire de même des rentes constituées établies en Pays coutumier, parce que, malgré qu'elles soient regardées comme meubles dans le ressort du Parlement de Toulouse, néanmoins, quant à la succession, elles se reglent par les Lois ou par la Coutume du lieu où les débiteurs sont domiciliés. Voyez mes Observations sur *l'art. 7 du tit. 1, & mon Commentaire sur les anciennes Coutumes, pag. 25 & suiv.*

Toute sorte de personnes non nobles, qui n'étant ni originaires, &c.

Ce n'est pas sans objet que notre article s'exprime ainsi; il a entendu par là faire connoître que sa décision ne peut regarder les nobles, puisqu'ils ne sont pas assujettis à notre Coutume, & qu'ils se reglent uniquement par le Droit écrit, comme je l'ai observé ailleurs.

TITRE SIXIEME.

Des Gendres & Brus.

Nos anciennes Coutumes ne visant qu'à la conservation des biens dans les familles, ne s'étoient occupées que de la cause des héritiers, & par voie de suite, traitoient fort mal les puînés, soit qu'ils restassent dans la maison natale, soit qu'ils en sortissent pour se procurer, par leur travail & industrie, de quoi s'entretenir, soit qu'ils vinssent à s'établir en mariage, comme gendres & brus.

J'ai fait remarquer sur *l'art. dernier du tit. 4*, l'espece de servitude où se trouvoient réduits les puînés célibataires; le sort des gendres & brus n'étoit pas meilleur, & celui d'un valet ou d'une servante (qui gagnoit toujours un salaire) étoit préférable. Les gendres & brus devoient travailler sans espoir de partage au profit de la maison où ils étoient mariés. En général, ils y étoient même regardés avec mépris, & souvent traités insolemment par leurs propres enfans, qui en venoient jusqu'à leur ôter l'administration des biens, & quelquefois à les déjeter de la maison; de sorte que dans leur vieillesse, ils se voyoient souvent à même de manquer pour leur subsistance : réduits à leur mince légitime, qu'ils ne pouvoient même exiger que par pacts, & de la maniere dont elle avoit été payée (1), leur position étoit vraiment triste & douloureuse ; aussi la nouvelle Coutume leur a-t-elle fait un traitement différent, & quand la rédaction n'auroit opéré d'autre changement utile, c'en seroit assez pour devoir chérir à jamais la mémoire de ceux * qui déterminerent & obtinrent cette rédaction, qui a donné lieu à la réforme de nos anciennes & si singulieres Coutumes sur ce point. Venons aux dispositions de celles qui les ont remplacées.

Article Premier.

Les gendres, c'est-à-dire, les mâles légitimaires qui épousent des héritieres, & les brus ou nores, c'est-à-dire, les filles légitimaires qui épousent des héritiers, pourront instituer héritier en leurs légitimes ou dots, & en tous autres biens qu'ils pourroient avoir, celui de leurs enfans, mâle ou femelle, qu'ils trouveront à propos.

LE premier avantage que les gendres & brus

---

(1) Voyez mon Commentaire, art. 11, pag. 245.

* La Province de Bigorre est redevable de cette rédaction, notamment à M. le Marquis d'Ossun, Grand d'Espagne de la premiere classe, alors Ambassadeur de France près Sa Majesté Catholique, & décédé Ministre d'Etat, le. . . . . Février 1788.

retirent de la nouvelle rédaction, c'est de pouvoir instituer héritier celui de leurs enfans, mâle ou femelle, que bon leur semblera, en leurs légitimes ou dots, & généralement en tous leurs biens, soit de souche, soit acquêts; c'est la disposition de cet article, qui ne laisse sur ce point aucun doute, & qui assimile ainsi les gendres & brus aux héritiers & à tous autres chefs de famille qui jouissent de la même liberté.

Article II.

La disposition de l'article précédent ne pourra néanmoins préjudicier aux enfans premiers nés qui se trouveroient mariés lors de la publication, enregistrement & homologation de la présente rédaction, ni à ceux qui auroient simplement contracté mariage sous la foi des anciens usages, quand même leurs contrats de mariages ne contiendroient en leur faveur aucune institution d'héritier.

Ici revient mot pour mot l'exception portée par *l'art.* 2 *du tit.* 3 *ci-dessus, des successions en ligne directe* en faveur des premiers nés, mariés dans la maison, ou seulement fiancés avant l'enregistrement & homologation de la nouvelle Coutume. La prudence & la justice exigeoient cette exception expresse en leur faveur : nés sous les anciennes Coutumes, ils avoient déjà sur l'hérédité de leurs peres & meres un droit acquis, que ceux-ci ne pouvoient leur ôter, & moins encore après les avoir mariés comme héritiers expressément ou tacitement, du temps & sous la foi des anciens usages. De cela seul, ils n'auroient pu se rétracter & instituer héritier un autre de leus enfans, sous prétexte de la liberté accordée par la nouvelle Coutume ; mais pour éviter à cet égard toute idée de procès, l'on crut devoir faire une loi formelle.

Quoiqu'il paroisse sensiblement de ses motifs & de ses termes, qu'elle ne regarde que les enfans aînés des maisons, il est des gens éclairés qui ont pensé qu'elle comprenoit aussi les enfans puînés, qui avoient été mariés ou fiancés du temps des anciens usages. J'ai réfuté ce systême sur *l'art. 2 du tit.* 3 cité. J'ajouterai ici une autre réflexion ; c'est que dans la premiere rédaction par écrit des articles convenus, on lisoit ainsi : « la disposition de l'article » précédent ne pourra néanmoins préjudicier aux » enfans premiers nés, qui se trouveroient mariés » *dans la maison* lors de la publication, &c. » Ces deux mots, *dans la maison*, qui auroient mieux développé le sens de l'article, échapperent au Scribe chargé de mettre au net les articles ; & c'est ce défaut, qui a pu donner lieu à la méprise & induire à erreur, quoique d'ailleurs il ne soit pas suffisant pour la justifier.

ARTICLE III.

Il sera néanmoins loisible auxdits gendres & brus, de disposer en faveur de qui bon leur semblera de la quarte de leurs légitimes ou dots, comme aussi des acquêts & autres biens libres qu'ils pourroient avoir à leur décès.

La Coutume ayant permis aux Ecclésiastiques, aux héritiers des maisons & aux légitimaires de disposer de la quarte des biens de souche, & en entier des autres biens libres qu'ils pourroient avoir, elle devoit, par voie de suite, accorder la même liberté aux gendres & brus, & c'est ce qu'elle a fait par cet *art.* 3, dont la rédaction ne présente aucun doute.

ARTICLE IV.

Lesdits gendres & brus, venant à décéder ab intestat, ont pour héritier de tous leurs biens celui de leurs enfans qui se trouvera héritier de la maison où ils étoient entrés gendres ou brus, sauf la légitime telle que de droit pour les autres enfans.

Cet article prévoit le cas où les gendres & brus décéderoient *intestats*, & veut qu'ils aient pour héritier celui de leurs enfans qui le sera des maisons où ils étoient allés gendres ou brus, sauf la légitime telle que de droit pour les autres enfans. L'on sent le motif de cette disposition; c'est pour éviter le cisaillement des biens & les réunir sur la même tête pour le soutien des maisons dont en général la fortune est très-médiocre.

Cet article, comme l'on voit, fait un changement pour les quartiers de Riviere-Ousse & Marquisat de Benac, où, suivant *l'art. 10 de l'Attestation du Sénéchal*, les enfans partageoient par égale portion les légitimes ou dots de leurs peres ou meres, gendres ou brus décédés *intestats*. La nouvelle loi est préférable; il la falloit d'ailleurs pour l'uniformité.

ARTICLE V.

Le paiement de ce qui aura été constitué ou promis en légitime ou dot aux gendres ou brus par leurs peres & meres, freres ou sœurs, héritiers de leur maison natale, sera reçu par les héritiers des maisons où lesdits gendres & brus se sont mariés, même par les femmes héritieres, en cas de prédécès de leur pere ou mere héritiers, sans que les gendres ou brus puissent de leur chef en fournir quittance valable.

La disposition de cet article tombe sur un cas fort essentiel, & qui se présente souvent : nos anciennes Coutumes ne l'ayant pas prévu, laissoient les parties exposées à des procès, & les Tribunaux dans l'embarras, prononçoient souvent d'une maniere à favoriser la fraude contre l'intérêt des maisons où les puînés étoient entrés gendres ou brus. On jugeoit quelquefois que les quittances par eux consenties de leur constitution légitimaire, ne pouvoient être débattues par leurs enfans héritiers, ni par les héritiers même des maisons où ils avoient été mariés ; agitant cette question dans mon Commentaire, *pag.* 432, je rapporte un Arrêt du 8 Mai 1756, confirmatif d'une Sentence du Sénéchal de Tarbe, qui l'avoit jugé de même ; mais j'indique en même-temps les inconvéniens qu'il y auroit à s'attacher à ce préjugé : aussi cet *art.* 5 proscrit-il expressément toutes quittances consenties par les gendres & brus, & il est rédigé de maniere à ne laisser à cet égard aucun doute.

ARTICLE VI.

Dans le cas où, par le prédécès de leurs femmes, lesdits gendres se trouveroient seuls administrateurs des biens de leurs enfans, & que parmi ceux-ci l'héritier de la maison n'eût pas encore vingt-cinq ans accomplis, les quittances consenties audit cas par les gendres, de leurs constitutions légitimaires, ne seront valables & ne pourront être opposées qu'autant qu'il sera justifié de l'emploi utile du contenu auxdites quittances ; il en sera usé de même à l'égard de la bru qui se trouveroit dans le même cas.

IL pourroit arriver qu'un gendre, ayant des enfans

fans mineurs, fe trouvât, par le prédécès de fa femme, feul adminiftrateur de la maifon où il a été marié, & que l'héritier de fa maifon natale, débiteur de fa légitime, voulût s'en libérer; ou que lui-même gendre eût befoin d'en retirer le paiement.

Notre Coutume, qui a prévu ce cas, a permis alors aux gendres de recevoir ce qui leur a été promis ou conftitué en légitime; mais elle exige en même-temps que le débiteur, pour pouvoir utilement oppofer une quittance à lui confentie en pareil cas, juftifie de l'emploi utile que le gendre aura fait des fommes dont il aura fourni quittance; de forte que le débiteur ne pouvant juftifier de cet emploi, il feroit condamné à payer de nouveau; & ce qui eft dit des gendres, doit être également obfervé à l'égard des brus, comme le déclare expreffément la derniere difpofition de cet *art. 6.*

L'on peut juger combien il faut être circonfpect à payer aux gendres & brus, & généralement à contracter avec eux: comparés à des fils de famille, ce n'eft qu'avec des précautions qu'on peut leur fournir de l'argent, ni acquérir d'eux notamment du bien-fonds. Voy. ce que j'en dis dans mon Commentaire, *pag.* 227. Néanmoins les quittances de leurs légitimes exceptées, tous autres engagemens qu'ils auroient confentis, doivent être exécutés à concurrence de leurs légitimes & biens libres.

Article VII.

Dans le cas où il n'y auroit pas de constitution de légitime en faveur des gendres ou brus, les déclarations ou reconnoissances qui seroient consenties par un des conjoints en faveur de l'autre, seront réputées pures libéralités, & ne pourront être reprises que sur les biens libres du reconnoissant, à moins qu'il ne conste de l'emploi utile.

CET article, comme les deux précédens, envisage l'intérêt des maisons où les gendres & brus ont été mariés. Son objet est d'empêcher que ceux-ci, profitant de l'ascendant qu'ils peuvent avoir sur leurs conjoints, n'en exigent des libéralités, masquées sous la dénomination de *quittances de légitime*, dont en regle générale les biens de souche doivent répondre; c'est pourquoi il veut que n'y ayant point de constitution de légitime en faveur des gendres & brus, les déclarations ou reconnoissances qui leur seroient consenties par leurs conjoints, soient réputées pures libéralités, & ne puissent être reprises que sur les biens libres du reconnoissant.

Sur quoi il faut remarquer que notre Coutume ne proscrit pas ces sortes de déclarations ou quittances; elle suppose au contraire qu'elles peuvent subsister & sortir à effet, si celui qui les a consenties, a laissé des biens libres à sa disposition; & par ces mots (biens libres) il faut entendre, soit biens acquêts, soit la quarte des biens de souche, dont chacun peut librement disposer : de maniere que ces déclarations ou quittances vaudroient toujours à concurrence de ces biens libres; & que n'y ayant pas des acquêts, ou que n'y en ayant pas suffisamment, l'on pourroit recourir sur la quarte des biens de souche; mais si cette quarte étoit insuffisante pour remplir le montant de la quittance, cette derniere deviendroit inutile pour l'excédent, qui ne pourroit être pris sur les trois quarts des biens restans de souche, qu'autant qu'il y auroit une constitution précédente de légitime en faveur du gendre ou de la bru.

Toutefois cet art. 7, par sa derniere disposition, nous indique un cas, où un gendre & une bru pourroient, sans qu'il existât aucune constitution de légitime, reprendre sur la masse des biens de souche le montant des quittances qui leur auroient été consenties par leurs conjoints; c'est lorsqu'ils viendroient à établir que le montant des quittances avoit réellement tourné au profit des maisons où ils avoient été mariés; étant juste alors qu'ils exercent leurs reprises sur les biens de souche, puisqu'il n'y a plus de soupçon à élever sur la sincérité des quittances. Voy. mon *Commentaire*, pag. 227.

ARTICLE VIII.

Y ayant contrat de mariage paſſé entre leſdits mariés, la femme héritiere (quoique ſes biens ſe trouvent libres ſur ſa tête par le prédécès de ſes pere & mere & autres aſcendans) ne peut néanmoins changer, aliéner ni hypothéquer ſes biens, que du conſentement de ſon mari, lequel à ces fins interviendra dans tous les actes.

C'EST ici où la nouvelle Coutume commence à venger les gendres de la rigidité de l'ancienne. Cet article veut qu'une veuve heritiere, qui a conſenti à un contrat de mariage entr'elle & ſon mari gendre, quoique ſes biens ſe trouvent libres ſur ſa tête par le prédécès de ſes pere & mere, ne puiſſe les changer, aliéner, ni les hypothéquer, ſauf du conſentement de ſon mari, qui, à ces fins, interviendra dans tous les actes; & j'obſerve en paſſant que notre article étant conçu en termes prohibitifs, il n'y a pas de doute qu'un contrat d'échange, d'emprunt ou d'aliénation, conſenti par la femme ſeule, ne fût déclaré nul.

Je traitai amplement cette queſtion dans mon *Commentaire ſur l'art.* 10 *de la Coutume de Barege,* pag. 228 & ſuivantes; & en comparant ce que j'y ai dit avec la diſpoſition de cet article, il eſt aiſé de reconnoître que ce n'eſt pas mon opinion qui a prévalu; ſi juſqu'ici les gendres avoient langui dans une espece d'abjection, les voilà relevés en honneur. Les femmes accusent quelquefois les hommes d'avoir fait les lois à leur guise, au détriment du sexe féminin ; mais sans entendre les armer contre les hommes dans nos Pays coutumiers, l'on peut dire que leur reproche seroit assez bien fondé contre les Rédacteurs de la Coutume, qui, en effet, assujettissent les héritieres à l'égard de leurs maris à une dépendance dont elles étoient affranchies tant par les anciennes Coutumes, que par le Droit commun.

Cependant encore pourroit-on trouver de quoi excuser les Rédacteurs, qui dans l'établissement de ce nouveau point de Coutume, ne se proposerent que de conserver les biens dans les familles, d'en arrêter la dissipation, qui pouvoit en être faite par les femmes, en général plus portées que les hommes à la dépense.

Lors donc qu'il y a contrat de mariage entre une héritiere & son mari gendre, celui-ci doit donner son consentement & intervenir dans les actes publics qu'elle veut consentir ; c'est un point clairement décidé par cet *art.* 8 ; mais en doit-il être de même d'un héritier qui se trouveroit marié avec une héritiere ?

Je réponds que non ; 1°. parce que notre Coutume ne le dit pas, quoiqu'elle ait prévu qu'une héritiere pouvoit épouser un héritier, comme on le voit par *l'art.* 19 ci-dessous, qui, après avoir réglé que les gendres, qui, par le prédécès de leurs femmes, & par le défaut d'enfans, sont obligés de sortir de la maison de leurs femmes, laisseront l'hérédité au collatéral qui se trouvera héritier de la maison, ajoute *qu'il en sera de même à l'égard des héritiers & héritieres qui auroient été mariés ensemble*. Il est sensible qu'on eût usé de la même précaution dans cet *art*. 8, si on eût entendu comprendre aussi dans sa disposition les héritiers mariés avec des héritieres; il ne faut donc pas l'étendre en leur faveur contre le texte de la Coutume.

2°. A cette raison très-suffisante, j'en ajouterai une autre péremptoire. Outre que dans nos Pays coutumiers la qualité d'héritier est opposée à celle de *gendre*, suivant l'article premier de ce titre, on ne peut encore disconvenir que cet *article* 8 ne parle aucunément des héritiers, la question qui y est traitée doit donc à leur égard être décidée, non par parité d'autres décisions de la Coutume, mais suivant le Droit écrit; c'est ainsi que l'ordonne formellement l'article unique du dernier titre de notre rédaction : or, le Droit écrit, bien loin d'exiger que les femmes soient autorisées par leurs maris dans l'aliénation de leurs biens libres, leur défend au contraire toute administration à cet égard : on peut donc tenir pour certain que les héritieres peuvent administrer leurs biens libres, les échanger, les hypothéquer

& les aliéner sans le consentement & le concours de leurs maris, qui seroient héritiers de leur côté.

ARTICLE IX.

Si néanmoins le contrat de mariage réservoit expressément à la femme héritiere la liberté de contracter seule, & de vendre ses biens comme bon lui sembleroit; dans ce cas, tout comme dans celui où il n'y auroit pas de contrat de mariage, la femme pourra librement consentir tous actes sans le consentement & intervention de son mari.

LE présent article est une suite & une exception du précédent. Il annonce comme une espece de regret sur l'assujettissement auquel le précédent article soumet les femmes héritieres envers leurs maris *gendres*, puisqu'il déclare qu'une femme héritiere pourra librement contracter seule, vendre & aliéner ses biens comme bon lui semblera, lorsqu'elle n'aura pas consenti de contrat de mariage, ou qu'en ayant consenti, elle y aura expressément réservé la liberté de contracter seule & de vendre ses biens.

L'on peut dire d'après cela que cette disposition rend en quelque maniere inutile celle de l'article précédent, & que les femmes, (en général, autant & plus leurrées que les hommes) celles de nos Pays coutumiers, instruites d'une loi qui est à la portée de tout le monde, ne manqueront pas, pour l'éluder, de recourir aux moyens qu'elle leur indique elle-même, pour se conserver la liberté précieuse de disposer de leurs biens à leur gré.

ARTICLE X.

Qu'il y ait contrat de mariage ou non, la moitié des acquêts faits durant le mariage par le travail & industrie des mariés, & non à tout autre titre, cédera au profit desdits gendres ou brus.

Un autre avantage que les gendres & brus retirent de la rédaction de nos Coutumes, c'est de profiter, comme l'on voit, par la disposition de cet article, de la moitié des acquêts qu'ils peuvent avoir faits avec leurs conjoints, par leur travail & industrie, constant leur mariage, au lieu que par nos anciennes Coutumes, venant à perdre leurs femmes ou maris, & se trouvant sans enfans, ils devoient sortir de la maison & se retirer, souvent épuisés de travail & d'années, sans pouvoir exiger que leur simple légitime. Il est aisé d'appercevoir les motifs de ce louable changement ; c'est pour attirer de la considération aux gendres & brus, les encourager au travail, & les aider pour leur entretien dans leur vieillesse, au cas ils seroient obligés de sortir de la maison où ils ont été mariés.

La moitié des acquêts faits durant le mariage par le travail & induſtrie des mariés, & non à tout autre titre, *cédera au profit deſdits gendres & brus.*

Il ſuit néceſſairement de cette diſpoſition, que les gendres & brus n'ont point de part aux acquêts qui auroient été faits par le moyen de la vente de quelques biens de ſouche de la maiſon, ſoit meubles, ſoit immeubles ; c'eſt ce que marquent expreſſément les termes de cet article, & ce qui réſulte encore de la diſpoſition des *articles* 10 & 11 *du titre* 3, qui veulent que les biens de ſouche aliénés ſoient remplacés, & le ſoient ſur les acquêts en nature.

Mais il reſte une difficulté qui conſiſte à ſavoir ce qu'il faut entendre par *biens acquêts provenant du travail & induſtrie des mariés.*

La queſtion ſeroit oiſeuſe, ſi une héritiere épouſoit un commerçant, ou quelqu'un qui exerçât une profeſſion, art ou métier, ou bien qu'un héritier vînt à ſe marier, exerçant une profeſſion, art ou métier qui lui produiſît quelque revenu ; & ſans doute qu'alors il ſeroit aiſé de voir qu'il a pu être fait des acquêts par le travail & induſtrie des mariés.

Mais la choſe eſt différente & vraiment difficile à l'égard des laboureurs (& c'eſt néanmoins le plus grand nombre des habitans de nos Pays coutumiers) : on pourroit dire que ceux-ci, uniquement occupés à la culture des terres, dont souvent la plupart consistent en prairies, qui produisent naturellement des fruits, ne fournissent aucune industrie; qu'ils ne peuvent conséquemment avoir aucuns acquêts industriels, ni en prétendre en vertu de notre article.

L'objection paroît spécieuse, & j'ai vu la soutenir avec obstination : cependant il faut tenir pour maxime certaine, que les Laboureurs comme les Commerçans, & les personnes d'un autre état ou profession, doivent être admis à participer aux avantages que cet article 10 assure aux gendres & brus : c'est là le vœu de notre Coutume, & avec raison : en effet, le travail du Laboureur n'est pas moins précieux ni moins appréciable que l'activité du Commerçant. S'il y a des biens fonds qui portent naturellement des fruits, il en est aussi qui n'en rapportent que par le travail, comme sont les terres labourables. L'on sent d'ailleurs que tout bien fonds, soit pré, soit terre labourable, exige une certaine culture, certains soins, & que c'est de là que dépend l'abondance de ses productions. Les Laboureurs peuvent donc augmenter leurs revenus par leur travail, industrie & vigilance à faire valoir les biens : ils le peuvent encore (comme tous autres,) par leur sobriété & leur économie. De cette augmentation de revenu s'ensuit naturellement la faculté de faire des acquisitions ; or ce sont ces acquisitions que notre article nomme *acquêts faits par le travail & industrie des mariés*, & dont la moitié doit céder au profit des gendres & brus.

En général, un moyen assuré pour n'être pas trompé sur ce point, c'est de savoir en quoi consistoient les biens extans dans la maison à l'époque à laquelle le gendre ou la bru y sont entrés : si les mêmes subsistent encore, & qu'il en ait été acquis d'autres durant le mariage, c'est ceux-ci qui seront réputés acquêts industriels, & qui devront être partagés conformément à notre article.

Une autre question intéressante, & qui se présente souvent, est de savoir si les gendres, qui épousent des héritières, & les brus qui épousent des héritiers, qui ont été ci-devant mariés, & qui ont actuellement des enfans d'un autre lit, doivent profiter de la moitié des acquêts faits constant leur mariage ?

Je pense que l'affirmative ne peut faire aucune difficulté. 1°. Parce que notre article parlant en général des gendres & brus, les comprend tous dans sa disposition, soit que leurs conjoints aient ou non des enfans d'un premier mariage, suivant la maxime, *ubi lex non distinguit, nec nos distinguere debemus*. 2°. Ce cas ne se trouvant pas littéralement prévu par la Coutume, doit être décidé par le Droit écrit, suivant *l'article 9 de notre Coutume*; & je ne connois aucune Loi qui s'oppose que ceux qui épousent des personnes qui ont des enfans d'un précédent lit, profitent d'une partie des acquisitions provenant de leur travail & industrie durant leur mariage. La prohibition ne peut tomber que sur des acquisitions frauduleuses, comme le seroient celles faites par la vente des biens de souche, ou affectés aux enfans d'un premier lit.

ARTICLE XI.

Les gendres, en cas de décès de leurs femmes, auront leur vie durant la libre & pleine administration des biens de leurs enfans, à la charge de les nourrir, élever & entretenir suivant leur état & facultés ; mais, venant à convoler en secondes noces, ils ne retiendront & ne conserveront l'administration des biens de la maison que jusqu'à la dix-huitieme année accomplie de celui de leurs enfans qui sera héritier de la maison.

CET article renferme deux dispositions. Suivant la premiere, les gendres, dont les femmes viennent à décéder, laissant des enfans de leur mariage, doivent avoir, leur vie durant, l'administration des biens de leurs enfans, à la charge de les nourrir, élever & entretenir suivant leur état & facultés.

J'ai fait remarquer dans mes Observations préliminaires sur ce titre, le mépris & le mauvais traitement auxquels les peres gendres étoient autrefois expofés de la part de leurs propres enfans, qui leur ôtoient l'adminiftration de leurs biens & les réduifoient, pour ainfi dire, fous leur dépendance. C'eft pour rétablir les peres dans l'autorité que les Lois humaines & divines leur donnent fur leurs enfans, que notre article par fa premiere difpofition leur affure, leur vie durant, l'adminiftration des biens de leurs enfans, adminiftration d'ailleurs qui leur eft due de droit commun, en vertu de la puiffance paternelle, que notre article a cherché à raffermir.

Auront leur vie durant la libre adminiftration des biens de leurs enfans.

Il réfulte clairement de ces termes que les enfans n'ont aucun compte à demander à leurs peres quant à l'adminiftration, & qu'ils ne doivent non plus leur porter aucun obftacle dans la jouiffance des biens, pourvu que de leur côté les peres les élevent & entretiennent fuivant leur état & facultés.

Il n'eft qu'un cas où les gendres puiffent être privés de cette adminiftration, c'eft lorfqu'ils paffent à des fecondes noces, & que l'enfant héritier de la maifon eft parvenu à fa dix-huitieme année accomplie; alors toutes les Lois femblent oublier les intérêts des peres pour ne s'occuper que de ceux des enfans, qui fouffrent prefque toujours du convol en fecondes noces; auffi notre article, par sa seconde disposition, retranche-t-il alors les droits des gendres, pour en gratifier les enfans de leur premier mariage, étant plus juste en effet qu'ils reviennent à leur source, que d'en laisser profiter des tierces personnes, étrangeres à la maison.

Ils ne retiendront & ne conserveront l'administration des biens de la maison que jusqu'à la dix-huitieme année accomplie de celui de leurs enfans qui sera héritier de la maison.

Si l'article proroge jusqu'à cette époque l'administration du pere remarié, c'est qu'on jugea qu'il valoit encore mieux de prendre ce parti que de laisser la régie & administration des biens sur la tête d'un enfant au-dessous de l'âge de dix-huit ans accomplis; d'ailleurs on peut prévenir la dissipation des biens par les gendres remariés, en usant des précautions indiquées dans l'article qui suit.

Article XII.

Dans le cas du convol mentionné en l'article précédent, il sera loisible aux plus proches parens de la maison de faire procéder à l'amiable & sans frais, dans les trois jours, à un inventaire de tous les biens de la maison, duquel inventaire il sera fait double, pour rester, l'un au pouvoir d'un desdits parens, & l'autre au pouvoir dudit gendre, & sera ledit inven-

taire signé des Parties, si elles savent, & en défaut, il sera fait devant Notaire.

La disposition de cet article n'a besoin d'aucune explication. J'observerai seulement qu'en général, il intéresse aux enfans d'un premier lit que la précaution qu'il indique ne soit pas négligée, sur-tout lorsque ces enfans sont encore en pupillarité ; & si notre article n'en fait pas une Loi précise, c'est qu'il peut y avoir des cas où la formalité de l'inventaire n'aboutiroit pas à grand'chose, comme, par exemple, si l'enfant, héritier de la maison, se trouvoit déjà bien près de la dix-huitieme année accomplie, & qu'il pût ainsi prendre sous peu lui-même l'administration de ses biens ; alors, en effet, un inventaire seroit plus onéreux qu'utile, notamment si les Parties ne savoient pas signer, & qu'il fallût employer un Notaire. C'est par de tels motifs que cet article laisse la chose à la prudence des proches parens, qu'il suppose être toujours assez zélés pour réclamer l'inventaire lorsqu'il paroît utile.

Article XIII.

Les gendres & brus qui auroient perdu l'administration par le convol en secondes noces, pourront retirer, dans huit jours, la moitié des acquêts faits durant leur premier mariage, & les libéralités qui pourroient leur avoir été faites ; mais leur fils, héritier de la maison, aura deux ans, à compter du jour dudit convol, pour leur rembourser la légitime ou dot, & pourra s'en libérer en deux paiemens dans ledit délai, en payant les intérêts d'icelle de six en six mois & par avance.

L'ON retrouve dans la disposition de cet *article* 13, un autre trait de l'attention de la nouvelle Coutume envers les gendres & brus, lorsqu'ils ont perdu l'administration des biens par leur convol en secondes noces ; elle leur permet alors de retirer dans huit jours la moitié des acquêts faits durant leur premier mariage, ainsi que les libéralités qui peuvent leur avoir été faites.

D'autre part, suivant l'article 25 de l'ancienne Coutume de Barege, les gendres qui, ayant des enfans, sortoient de la maison par incompatibilité, ou pour raison de convol en secondes noces, ne pouvoient retirer que la moitié de leurs légitimes ; au lieu qu'aujourd'hui ils peuvent, non moins que les brus, les retirer en entier : c'est ce que porte formellement la seconde partie de cet article 13.

Il est vrai que, suivant ce même article, ils ne peuvent l'exiger à la fois, & que leurs enfans, héritiers des maisons, ont deux ans, à compter du convol, pour les leur rembourser, & peuvent même s'en libérer en deux paiemens ; on crut
devoir

devoir concilier les intérêts des peres avec ceux des enfans, en accordant ce délai à ceux-ci, qui auroient pu se trouver dans l'embarras, pour s'acquitter à la fois & dans huit jours, tant de la moitié des acquêts & libéralités qui pourroient avoir été faites, que de la légitime ; mais aussi ne peuvent-ils jouir de ce délai qu'en payant de six mois en six mois & par avance les intérêts de la légitime, comme le prescrit encore ce même article 13 ; en sorte qu'on ne peut plus dire que les gendres soient exposés à être en souffrance.

ARTICLE XIV.

Nonobstant le convol, les gendres & brus pourront disposer comme bon leur semblera de la quarte de leurs légitimes & de tous les autres biens ; mais ils ne pourront instituer héritier qu'un des enfans du premier mariage, soit aux acquêts faits durant ce mariage & biens à eux advenus du chef de leurs femmes ou maris prédécédés, soit en leurs légitimes ou dots, comme aussi, aux biens qui leur seroient advenus par voie de succession, soit durant le premier, soit durant le second ou autre mariage.

L'ON a vu, par *l'article* 13 du présent titre, que les gendres & brus pouvoient disposer à leur gré de la quarte de leurs légitimes ou dots, ainsi que de leurs acquêts & autres biens libres qu'ils pourroient avoir à leur décès. On auroit pu néanmoins douter si leur convol en secondes noces ne devoit pas leur faire perdre cette liberté en tout ou en partie. Notre article a prévu ce doute & le leve en faveur des gendres & brus. Il leur permet expressément de disposer ainsi que bon leur semblera, tant de la quarte de leurs légitimes ou dots, que de tous les autres biens libres qu'ils peuvent avoir.

Toutefois ils ne doivent ni ne peuvent instituer héritier qu'un des enfans du premier mariage, soit aux acquêts faits durant ce mariage, & biens à eux advenus du chef de leurs femmes ou maris prédécédés, soit en leurs légitimes ou dots, non plus qu'aux biens qui leur seroient advenus par voie de succession, soit durant le premier, soit durant le second ou autre mariage ; tel est le texte de *cet article 14*, dont je vais reprendre séparément les dispositions pour en mettre à découvert les motifs.

J'observe d'abord, sur la premiere, qu'il y a deux mots d'omis par la faute du Scribe qui fut chargé de mettre au net les articles. Après le mot légitimes, il auroit dû ajouter (*ou dots*), & au mot *biens*, il devoit aussi ajouter celui de (*libres*), comme à l'original, où je fais foi qu'on lisoit ainsi :

« Nonobstant le convol, les gendres & brus

» pourront difposer, comme bon leur femblera,
» de la quarte de leurs légitimes *ou dots*, & de
» tous les autres biens *libres*. »

Cela fe prouve par les termes même employés dans les autres difpofitions de cet article, & par ceux de *l'article* 3 ci-devant. A la vérité, la premiere de ces deux fautes ne tire pas à conféquence comme la feconde, qui donneroit aux gendres & brus une liberté indéfinie contre les termes & le vœu de cette Coutume, bien marqué dans ce même article & dans d'autres.

Nonobftant le convol en fecondes noces, les gendres & brus pourront difpofer, &c.

Quoique le convol de quelqu'un, ayant déjà des enfans, ne foit pas regardé bien favorablement, on n'a pas cru néanmoins devoir rien changer à fon égard pour la liberté de difpofer, dont il eft naturel que tout Citoyen jouiffe.

Mais ils ne pourront inftituer héritier qu'un des enfans du premier mariage, &c.

Si notre Coutume laiffe à celui qui paffe à des fecondes noces, la même liberté de difpofer de ce dont il jouiffoit avant, du moins l'oblige-t-elle à inftituer héritier un des enfans du premier lit, & on ne peut pas dire qu'elle ait oublié les intérêts de ceux-ci.

Soit aux acquêts faits durant ce mariage, & biens à eux advenus du chef de leurs femmes ou maris prédécédés, &c.

L'on sent que les enfans d'un premier mariage avoient déjà un droit acquis sur ces sortes de biens, & qu'il est juste qu'ils en héritent de préférence aux enfans d'un second ou autre lit.

Comme aussi, aux biens qui leur seroient advenus par voie de succession, soit durant le premier, soit durant le second ou autre mariage.

Les biens advenus par succession d'un collatéral, sont réputés bien de souche, non moins que la légitime des peres & meres, comme on le voit par *l'article 4 du titre 3 de cette Coutume*; les enfans d'un premier lit doivent donc en hériter, tout comme de la légitime de leurs peres & meres.

ARTICLE XV.

Les gendres ou brus, venant à décéder ab intestat, *auront pour héritier celui de leurs enfans du premier mariage qui se trouvera héritier de la maison où ils avoient été mariés.*

IL a été question dans l'article précédent de la maniere dont les gendres & les brus, qui ont passé à des secondes noces, peuvent & doivent disposer de leurs biens. Cet art. 15 prévoit le cas où ils décéderoient sans avoir disposé, & veut qu'alors ils aient pour héritier celui de leurs enfans du premier mariage qui sera héritier de la maison où ils avoient été mariés. Les motifs de cette disposition sont pris de l'intérêt qu'inspirent les enfans d'un premier lit & de la médiocrité des fortunes, qui ne permet pas de cizailler les biens.

Au reste, les premiers mots de cet article laissent à entendre que sa disposition tombe sur les gendres & brus en général, tandis qu'elle ne regarde que ceux qui ont convolé en seconde noces, comme il résulte évidemment de la suite de l'article; cette équivoque ne se présenteroit pas, si le Scribe eût exactement transcrit l'original, qui commençoit ainsi : *lesdits gendres & brus*, &c. comme le fait l'article qui suit.

Article XVI.

Lesdits gendres & brus qui convoleroient à des troisiemes noces, venant à disposer de leurs biens, doivent pareillement instituer un des enfans de leur second mariage par préférence à ceux du troisieme, pour les acquêts par eux faits durant ledit second mariage, & antérieurement au troisieme ; mais s'ils décedent ab intestat, *ils ont pour héritier desdits acquêts, celui de leurs enfans du second mariage qui sera héritier du conjoint prédécédé.*

Cet article parle des gendres & brus qui convoleroient à des troisiemes noces; il veut qu'ils instituent héritier des acquêts par eux faits depuis le second mariage, & antérieurement au troisieme, un des enfans du second lit par préférence à ceux du troisieme, & que venant à décéder *intestats*, ils aient pour héritier de ces mêmes acquêts celui de leurs enfans du second mariage qui sera héritier du conjoint prédécédé de ce même second mariage.

L'on peut voir de là que cet article établit en faveur des enfans du second lit vis-à-vis de ceux du troisieme mariage, le même ordre, la même préférence que prescrit *l'article* 14 ci-devant à l'égard des enfans d'un premier lit sur ceux d'un second.

L'on pourroit être surpris que cet article traitant de la liberté de disposer par les gendres & brus qui convolent en troisiemes noces, ne parle que d'acquêts par eux faits durant le second mariage & antérieurement au troisieme : cette surprise cessera, si l'on fait attention qu'ils n'ont pas en effet d'autres biens à disposer à titre d'institution héréditaire, & que ce sont leurs enfans du premier mariage, qui, aux termes dudit article, doivent être institués héritiers en tous leurs autres biens, soit de souche, soit acquêts, qu'ils peuvent avoir faits antérieurement à leur second mariage.

ARTICLE XVII.

Les gendres ou brus qui, par le prédécès de leurs femmes ou maris, & en défaut d'enfans, se trouveront dans le cas de sortir de la maison du vivant des héritiers d'icelle, peres & meres du conjoint prédécédé, retireront indépendam-

ment de leurs légitimes ou dots, & des libéralités qui pourroient leur avoir été faites, le quart de tous les acquêts industriels qui se trouveront avoir été faits durant leur mariage, & jusqu'au jour de leur sortie, lequel quart des acquêts leur sera payé & délivré dans huitaine, à compter du jour de leur sortie de ladite maison.

L'ARTICLE 13 de ce titre détermine ce que les gendres & brus peuvent retirer de la maison où ils ont été mariés, lorsqu'ils en sortent ayant des enfans. Cet article 17 parle du cas où les gendres & brus sont obligés de sortir par le défaut d'enfans du vivant des héritiers, peres & meres du conjoint prédécédé, & il veut que dans ce cas les gendres & brus puissent retirer, indépendamment de leurs légitimes ou dots & des libéralités qui pourroient leur avoir été faites, le quart de tous les acquêts industriels qui se trouveront avoir été faits durant leur mariage & jusqu'au jour de leur sortie, & que ce quart d'acquêts leur soit payé & délivré dans huitaine, à compter du jour de leur sortie de ladite maison.

L'on pourroit prétendre qu'il y a de la contrariété entre l'article 13 cité & celui-ci, en ce que celui-là accorde la moitié des acquêts, tandis que celui-ci n'en accorde que le quart. Il y a véritablement de la différence dans la disposition de ces deux articles ; mais pas de la contrariété, & cette différence de disposition vient de la différence qui se trouve entre l'espece de *l'article* 13 & l'espece de celui-ci. Le premier suppose que les acquêts ont été faits par les deux conjoints seulement, ou bien que le beau-pere & la belle-mere du gendre ou de la bru sont prédécédés, & qu'ils ne peuvent conséquemment concourir au partage des acquêts, qui ne peut regarder que le gendre ou la bru, & l'héritier collatéral de leur conjoint prédécédé : au lieu que cet article 17 suppose au contraire que le beau-pere & la belle-mere des gendres & brus sont encore en vie ; de maniere qu'étant présumé que tous les quatre ont concouru à former les acquêts, il est juste que chacun ait une portion égale, & qu'alors les gendres & brus ne profitent que du quart; tels sont les motifs de ces dispositions, & il est aisé de sentir qu'ils tiennent à l'équité.

Article XVIII.

Une bru ou nore, dont l'administration auroit pris fin, voulant sortir de la maison, pourra retirer dans les huit jours de sa sortie les libéralités qui pourroient lui avoir été faites par son mari prédécédé ou autre de la maison ; comme aussi la moitié des acquêts faits pendant le mariage & durant son administration ; mais son fils, héritier de la maison, aura deux ans, à compter du jour qu'elle fortira, pour lui payer fa dot, & pourra s'en libérer en deux paiemens durant ledit délai, en payant les intérêts de fix en fix mois & par avance.

La Coutume, par cet article, pourvoit aux nores ou brus, dont l'adminiſtration a pris fin; elle leur aſſure le même traitement que *l'article* 13 aux gendres & brus qui ont perdu l'adminiſtration par leur convol en fecondes noces.

Les brus ou nores dont l'adminiſtration eſt arrivée à fon terme ordinaire, peuvent donc, fuivant cet article 18, retirer dans les huit jours de leur fortie de la maifon tant les libéralités qui pourroient leur avoir été faites par leurs maris prédécédés, ou autres de la maifon, que la moitié des acquêts faits durant leur mariage, & juſqu'à leur fortie, & peuvent, en outre, exiger dans les deux ans le remboursement de leur légitime ou dot, dont les intérêts leur feront provifoirement payés de fix en fix mois, & par avance.

Ces conditions pourront paroître à quelqu'un fort onéreufes pour les enfans. On n'en jugea pas de même lors de la rédaction, où l'on fut juſtement indigné des exemples trop fréquens de la noire ingratitude des enfans à l'égard de leurs peres & meres, gendres & brus. D'ailleurs il ne dépend d'ordinaire que des enfans de s'éviter la gêne & l'embarras où ils pourroient fe trouver à ce fujet ; qu'ils aient pour leurs peres & meres le refpect, les égards & les foins qu'ils leur doivent, & ils ne penferont pas vraifemblablement à quitter la maifon & à exiger leurs droits.

Une bru ou nore dont l'adminiftration auroit pris fin.

Il n'en eft pas de l'adminiftration d'une bru, comme de celle d'un gendre; celle de celui-ci fubfifte fa vie durant à caufe de fa puiffance paternelle, au lieu que l'adminiftration de la bru finit régulierement lorfque celui de fes enfans qui eft héritier de la maifon, eft forti de la pupillarité, dès-lors elle a befoin de l'approbation de fes enfans.

Comme auffi la moitié des acquêts faits pendant le mariage, &c.

Il n'y a fans doute perfonne qui contefte que la Coutume, en parlant ici d'acquêts, n'ait entendu parler d'acquêts induftriels. Si quelqu'un étoit dans le doute à cet égard, nous le renverrions à la lecture de *l'art.* 10 du préfent titre. Je conviens néanmoins qu'il vaudroit mieux qu'on eût ajouté le mot *induftriels* à celui *d'acquêts*; & c'eft ici dans le vrai une autre diftraction du Scribe des articles, qui eft tombé dans des fautes bien plus lourdes, comme nous allons le voir à *l'art.* 21 ci-après, & fur *le titre fuivant.*

TITRE VI.
ARTICLE XIX.

Les gendres ne succedent pas à leurs enfans ni ès hérédités, ni ès légitimes qu'ils ont reçu de leur mere héritiere, aïeuls, aïeules & autres leurs parens maternels; pareillement les brus ou nores ne peuvent non plus succéder aux hérédités & légitimes advenues à leurs enfans du chef de leur pere aïeul ou autres leurs parens paternels; mais les gendres & brus ou nores, sont obligés, après le décès de leurs enfans & descendans de leurs mariages, de laisser l'hérédité au collatéral qui se trouve l'héritier de la maison; il en sera usé de même à l'égard des héritiers & héritieres qui auroient été mariés ensemble.

CET article est une suite de la regle *paterna paternis, materna maternis*, connue dans les pays où il existe quelque coutume en fait de succession, & qui fait l'objet de la disposition de l'art. 4 du tit. 5 ci-devant. La contexture de celui-ci ne paroissant point présenter aucun doute, je passe à l'article suivant.

ARTICLE XX.

Dans le cas de l'article précédent, les gendres & brus seront remboursés des légitimes ou dots qu'ils auront portées dans les maisons où ils ont été mariés, & ce dans deux ans, en un ou deux paiemens au choix de l'héritier, avec l'intérêt de six en six mois & par avance, jusqu'au parfait paiement ; ils auront encore la moitié des acquêts industriels faits durant leur mariage, dont ils pourront disposer en toute propriété & comme bon leur semblera, lesquelsdits acquêts leur seront payés dans huitaine, à compter du jour de la succession échue à l'héritier collatéral de la maison.

L'ON a vu par l'article 17 ci-devant, ce que pouvoient prétendre les gendres & brus étant obligés de sortir de la maison par le prédécès de leurs femmes ou maris, & celui de leurs enfans du vivant des ascendans de leurs conjoints prédécédés. Cet article 20 nous fait connoître ce qu'ils peuvent prétendre lorsque ces ascendans sont décédés, & que les gendres & brus se trouvant vis-à-vis d'héritiers collatéraux de leurs conjoints prédécédés, il veut qu'alors ils puissent retirer la moitié des acquêts industriels faits durant leur mariage, & qu'ils en soient payés dans huitaine ; & à l'égard de leurs légitimes ou dots, il veut aussi qu'elles leur soient payées dans deux ans, en un ou deux paiemens au choix des héritiers collatéraux, qui néanmoins seront tenus de leur en payer l'intérêt légitime de six en six mois & par avance, jusqu'à l'entier remboursement.

Notre article nous fournit deux réflexions à

faire. 1°. C'est que dans tous les cas où les gendres & brus se trouvent à même de sortir des maisons où ils avoient été mariés, la Coutume observe le même ordre pour le paiement de ce qu'ils ont à prétendre, & qu'en fixant cet ordre, l'on a eu en vue autant l'intérêt des héritiers que celui des gendres & brus.

2°. Que quoique cet article ne parle point des libéralités qui pourroient avoir été faites aux gendres & brus par les héritiers des maisons où ils ont été mariés, ils sont néanmoins dans le cas de les retirer, & de s'en faire payer comme des acquêts, & dans le même délai de huit jours, fixé pour le paiement desdits acquêts, conformément à la disposition textuelle des *art.* 13, 17 *&* 18 du présent titre.

Article XXI.

Dans le cas de l'article dix-huit ci-dessus, lesdits gendres & brus auront en outre, leur vie durant, & pourvu qu'ils aient passé dix ans accomplis dans les maisons où ils ont été mariés, & qu'ils ne convolent en secondes noces, la jouissance & usufruit du quart de tous les b-ens de souche & avitins dépendans desdites maisons, si mieux n'aiment les héritiers d'icelles se régler avec eux & convenir en argent pour raison de l'usufruit de ladite quarte.

Il y a d'abord à remarquer sur cet *art.* 21 une des erreurs que nous avons dit ailleurs être intervenues dans la transcription des articles originaux de la Coutume ; erreur d'autant plus intéressante à relever, qu'elle a déjà donné lieu à des fréquentes discussions & à des procès.

Elle consiste en ce que l'on a cité l'art 18 au lieu de l'art. 19 ; si l'on eût exactement transcrit, l'article seroit conçu ainsi : dans le cas de l'article 19 ci-dessus, *lesdits gendres & brus*, &c.

Cette erreur ou distraction de la part du Scribe est sensible, & il n'y a personne qui n'en convienne, si l'on fait attention que cet art. 21 tombe sur un cas tout-à-fait différent & même opposé à celui dont est question dans *l'art.* 18.

En effet, il s'agit, dans ce dernier, d'une bru, qui ayant des enfans, veut néanmoins sortir de la maison par incompatibilité avec celui de ses enfans qui en est l'héritier : & au contraire, cet art. 21 suppose évidemment que les gendres & brus soient obligés de sortir de la maison, non-seulement par le prédécès de leurs conjoints & de leurs enfans, mais encore par celui des ascendans de leurs conjoints, & qu'ils se trouvent vis-à-vis d'héritiers collatéraux.

Ce n'est que dans cette supposition & dans ce seul cas, que la Coutume a voulu favoriser les gendres & brus de l'usufruit de la quarte des biens de souche & avitins, & il auroit été injuste de le leur accorder au préjudice de leurs enfans, ou des ascendans à leurs conjoints : d'ailleurs, le traitement des gendres & brus vis-à-vis de leurs enfans, ou des afcendans des conjoints, fe trouve réglé par les *art*. 11, 17 & 18 de ce titre.

Une autre raifon qui fait que cet art. 21 ne peut fe rapporter à l'art. 18, & qui prouve fenfiblement l'erreur que je relève, c'eft que l'art. 18 ne s'adapte qu'aux brus, dont l'adminiftration a pris fin, au lieu que notre art. 21 parle en général des gendres & brus : ce n'eft donc pas à l'art. 18 que le préfent article peut être référé, mais à l'art. 19, ou encore, fi l'on veut, à l'article précédent, dont il n'eft en effet qu'une fuite & comme un fupplément : en forte, (nous le répétons) qu'il faut lire ainfi cet art. 21 : *dans le cas de l'art*. 19 *ci-deffus, lefdits gendres & brus*, &c.

Telle eft donc la derniere difpofition de notre Coutume concernant les gendres & brus, fuivant ce dernier article, que fi leurs enfans, leurs conjoints & les afcendans à ceux ci fe trouvent décédés, & qu'ils foient ainfi obligés de fortir de la maifon pour la délaiffer aux héritiers collatéraux de leurs conjoints, comme le prefcrit *l'article* 19, ils puiffent alors exiger non-feulement leurs légitimes ou dots, les libéralités qui peuvent leur avoir été faites & la moitié des acquêts induftriels, mais encore l'ufufruit & jouiffance de la quarte des biens de fouche & avitins des maifons où ils ont été mariés, ce qui néanmoins ne doit avoir lieu que fous deux conditions; la premiere, qu'ils aient paffé dix ans accomplis dans la maifon de leurs conjoints, & la feconde, qu'ils ne convolent pas à d'autre mariage. Ces deux conditions doivent néceffairement concourir, & le défaut de l'une, excluroit les gendres & brus de l'ufufruit dont s'agit; la précifion de cet article ne laiffe à cet égard aucun doute. On ne fera pas furpris que la Coutume ait attaché la condition de la viduité à ce dernier avantage, qu'elle défere aux gendres & brus; mais l'on pourroit demander ce qu'il faudroit décider fi un gendre ou une bru fe trouvoit dans le cas de devoir fortir de la maifon dans la dixieme année de fon mariage, & avant que les dix ans fuffent entierement écoulés: pourroit-il alors réclamer l'ufufruit dont parle cet article?

L'affirmative pourroit être étayée de la maxime triviale *parum pro nihilo reputatur*, & de la regle de droit *in favorabilibus annus inceptus pro completo habetur*, dont l'application ne feroit pas étrangere à notre cas.

Cependant ces confidérations ne peuvent nullement l'emporter fur les termes de notre article, qui exige formellement que les dix ans foient révolus. Ce point fut très-fort agité lors de la rédaction, & il fut convenu que les dix ans devoient être accomplis; voilà pourquoi l'on lit ces propres termes dans l'article.

L'on a pu juger par les diverfes difpofitions de

de ce titre, combien les gendres & brus ont gagné par la rédaction des Coutumes. L'on peut dire d'ailleurs que ce changement, nécessaire à leur égard, ne nuit pas aux maisons où ils se trouvent mariés. La considération que la nouvelle Coutume leur attire, & les avantages qu'elle leur assure, sont pour eux autant de raisons qui les attachent à la maison de leurs conjoints, & les encouragent à en faire valoir & augmenter les biens.

TITRE SEPTIEME.

Des Puînés mariés ensemble, appelés vulgairement Sterles

LES mariages des *sterles* ou puînés étoient connus & d'usage dans les vallées du Lavedan, &c. non moins que dans la vallée de Barege, & je ne sais pourquoi l'attestation du Sénéchal de 1704, garde le silence sur cet objet important.

La Coutume de Barege leur avoit consacré trois articles sur les vingt-cinq qu'elle en (1) contenoit; mais encore ses dispositions n'étant ni assez étendues, ni assez clairement rédigées, laissoient-elles de fréquentes discussions auxquelles on a pourvu, & qui semblent ne devoir plus se représenter à la faveur de ce qui est prescrit sous ce titre.

ARTICLE PREMIER.

Qu'il y ait contrat de mariage ou non entre deux puînés mariés ensemble, les acquêts, tant industriels, qu'autres par eux faits pendant leur mariage, sont communs entr'eux; l'administration d'iceux appartient néanmoins au mari.

C'ÉTOIT une question très-importante de

---

(1) Les 13, 14 & 15.

favoir, s'il fuffifoit autrefois que deux puînés fuffent mariés enfemble pour être communs en leurs acquêts faits, conftant le mariage, ou s'il falloit de leur part une ftipulation expreffe par acte public.

L'atteftation du Sénéchal qui ne parloit pas même des fterles, ne pouvoit être d'aucun fecours pour réfoudre la difficulté, & les termes louches employés par la Coutume de Barege, avoient donné lieu à des opinions contraires.

Traitant cette queftion dans mon Commentaire *fur les articles* 13 & 15, je réfute l'avis de ceux qui avoient penfé qu'il fuffifoit que deux puînés fuffent mariés enfemble, pour être communs ou affociés en leurs acquêts, & je me fondois fur l'efprit de notre Coutume, affez établi par le texte, & entierement développé par l'ufage.

Cependant, cette queftion agitée & approfondie lors de la rédaction, il fut trouvé convenable d'établir la fociété ou communauté d'acquêts entre deux puînés mariés enfemble; & les raifons de cette détermination furent, 1°. qu'en général la fortune de deux puînés qui fe marient enfemble, étant égale de part & d'autre, il eft à préfumer que c'eft leur intention, lorfqu'ils s'uniffent en mariage de partager entre eux les acquêts qu'ils peuvent faire durant qu'il fubfifte. 2°. C'eft qu'établiffant cette communauté d'acquêts, l'on épargnoit aux intéreffés l'embarras de recourir aux Notaires, & qu'on leur évitoit de frais considérables : c'est par ces motifs vraiment puissans qu'on lit dans cet article premier que, *soit qu'il y ait contrat de mariage ou non, entre deux puînés mariés ensemble, les acquêts tant industriels qu'autres par eux faits pendant leur mariage, sont communs entre eux.*

Toutefois cette communauté d'acquêts entre deux puînés mariés, n'étant établie qu'en leur faveur, il est sans doute en leur pouvoir d'y renoncer, ou de s'en affranchir par une convention contraire, stipulée par leur contrat de mariage ou autre acte public. Voyez *Ferriere, en son petit Commentaire, sur l'article 229 de la Coutume de Paris, page* 41. Je remarquerai ici que ces termes de notre article viennent à l'appui de l'observation que j'ai faite sur *l'article* 10 *du titre précédent,* savoir, qu'on pouvoit faire des acquêts industriels, non-seulement par l'exercice d'une profession, art ou métier, mais encore par travail & économie.

L'on pourroit demander si les biens qui auroient été donnés aux conjoints ou à l'un deux durant le mariage par un étranger, ou par un parent collatéral, devroient tomber dans la communauté qu'établit cet article.

La raison de douter se prend de ce que ces sortes de biens sont déclarés *acquêts* par l'article 4 *du titre* 3 de notre Coutume, & que cet article premier veut que les stérles soient communs en leurs *acquêts, tant industriels qu'autres.*

Il faut néanmoins tenir que ces sortes d'acquêts, qui surviendroient aux conjoints ou à l'un d'eux, n'entreroient pas dans la communauté, & l'on en trouve la raison dans notre article même, qui borne cette Communauté aux biens que les conjoints peuvent avoir acquis par leur propre fait ; c'est ce qui résulte formellement de ces mots : « acquêts tant industriels qu'autres, *par » eux faits* pendant leur mariage. »

Toutefois étant loisible aux stérles de renoncer à la communauté qu'établit cet article, ainsi qu'il a été dit plus haut, il doit de même leur être loisible de faire entrer dans la Communauté, non-seulement les acquêts dont parle cet article, mais ceux-là même qui proviendroient de la donation ou legs qui leur auroit été fait par un étranger ou un parent collatéral ; il ne s'agit que d'en convenir expressément par acte : il est cependant un cas où il ne faudroit pas une stipulation expresse, c'est lorsque la donation auroit été faite à l'un des conjoints, en considération de l'autre. *Voyez mon Commentaire page* 268.

L'administration d'iceux appartient néanmoins au mari.

C'est-à-dire, que le mari a le droit exclusif de gérer à son gré les biens de la communauté, de les faire cultiver ou les affermer,

& d'en percevoir les revenus : cette difposition est fondée fur la prééminence du fexe viril, eft conforme tant au Droit commun coutumier, qu'au Droit écrit. *Voyez l'article 7 ci-après.*

ARTICLE II.

Lefdits conjoints ne pourront, durant le mariage, s'obliger ni aliéner féparément, mais l'un & l'autre interviendront dans tous les actes d'obligation ou de vente.

UNE des queftions que je propofe dans mon Commentaire fur *l'article 14 de l'ancienne Coutume de Bareges page* 301, confifte à favoir fi les puînés mariés pouvoient aliéner & s'obliger féparément.

Je la décide affirmativement pour le mari, mais négativement à l'égard de la femme, ne devant pas être en fon pouvoir d'anéantir ni d'ébrécher l'adminiftration du mari.

Ce point fut difcuté lors de la rédaction, & l'on trouva convenable d'exiger en pareil cas l'intervention de l'un & de l'autre des conjoints; ce parti eft effectivement plus équitable & plus fage, foit parce que les deux conjoints prennent un égal intérêt à la confervation des biens de la communauté, & qu'ils répondent également des dettes paffives, foit parce que les réflexions de l'un peuvent arrêter l'autre dans une aliénation ou un emprunt qu'il voudroit contracter, & c'est ce qui a donné lieu à le prescrire de même par cet article, sur lequel on pourroit demander si l'intervention qu'il exige est nécessaire, à peine de nullité des actes qui seroient consentis ; mais d'après les termes prohibitifs de notre article, l'affirmative ne souffre pas de doute, & il faut tenir qu'une obligation consentie par l'un des conjoints, ou la vente de partie des biens dépendans de la communauté, seroient radicalement nulles.

Article III.

Chacun desdits mariés pourra instituer un de leurs enfans, mâle ou femelle, à son choix, tant en sa légitime qu'en sadite portion d'acquêts.

J'AI élevé dans mon Commentaire, *pag.* 301, la question, savoir si les sterles pouvoient instituer héritier un de leurs enfans puînés au préjudice de l'aîné ; cette question devient inutile par la disposition de cet article 3, qui permet à chacun des mariés d'instituer héritier un de leurs enfans, mâle ou femelle, à son choix, tant en sa légitime qu'en sa portion d'acquêts, & cette disposition est une suite de la liberté de disposer, que notre nouvelle Coutume avoit projeté d'établir en faveur des Citoyens de toutes les classes parmi les non Nobles.

Article IV.

La disposition de l'article précédent ne pourra néanmoins préjudicier aux enfans premiers nés qui se trouveroient mariés lors de la publication, enregistrement & homologation de la présente rédaction, ni à ceux qui auroient simplement contracté mariage sous la foi des anciens usages, quand même leurs contrats de mariage ne contiendroient en leur faveur aucune institution d'héritier.

Cette disposition n'est point particuliere aux puînés mariés ensemble. On l'a déjà vue sous *l'art. 2 du tit. 3*, & sous *l'art 2 du tit. 6* : en regle générale, tous particuliers, soit héritiers, soit gendres ou brus, ayant des enfans, peuvent instituer héritier celui que bon leur semble ; mais la Coutume, en leur donnant cette liberté, leur défend d'en user, lorsque leur premier né s'est trouvé déjà marié sous la foi des anciens usages, & avant l'homologation de la nouvelle Coutume, car alors l'hérédité est irrévocablement assurée sur sa tête, soit en vertu des anciens usages, soit par la volonté expresse ou tacite des pere & mere qui ont consenti à le marier comme héritier, & à qui il ne doit pas être permis de varier.

Il en est de même en ligne collatérale, c'est-à-dire, qu'un héritier qui se trouvant sans enfans, auroit marié dans la maison comme héritier, du temps & sous la foi des anciens usages, son frere immédiatement puîné, ne pourroit pas, au préjudice de celui-ci, instituer un autre frere ou sœur puînés, sous prétexte de la liberté accordée par la nouvelle Coutume; mais il ne faut pas perdre de vue que l'exception portée par cet article & les deux autres qu'on a cités, n'a été faite taxativement qu'en faveur du premier né des enfans & du frere ou sœur immédiatement puînés à l'héritier, qui se trouveroient déjà mariés dans la maison comme héritiers. *Voyez mes observations sur l'article 2 du tit. 3.*

ARTICLE V.

Lesdits mariés pourront néanmoins, chacun en droit soi, disposer en faveur de qui bon leur semblera, de la quarte de leur légitime & de leurdite portion d'acquêts.

DÉJA du temps de l'ancienne Coutume de Barege, chacun des puînés, mariés ensemble, pouvoit disposer de sa portion d'acquêts. Il le pouvoit encore de la moitié de sa légitime, comme on le voit dans mon Commentaire sur *les articles* 13 & 15 de cette ancienne Coutume: notre présent article fait sur ce dernier point un changement, & réduit à la quarte de la légitime la liberté de disposer par les *sterles* ou puînés mariés ensemble. Il n'étoit pas convenable de leur laisser à cet égard plus de liberté qu'aux autres légitimaires, & qu'aux héritiers qui ne peuvent disposer, les uns que de la quarte de leurs légitimes, & les autres que du quart des biens de souche; cette réduction étoit d'ailleurs nécessaire dans le plan qu'on s'étoit proposé de rendre la Coutume uniforme.

Article VI.

En défaut de disposition de la part du prémourant, le premier né de leurs enfans, mâle ou femelle, héritera de tous ses biens, sauf sur iceux la légitime de droit pour les autres enfans.

L'on voit la même disposition dans *l'article 5 du titre 3*, à l'égard des héritiers qui ont des enfans, & dans *l'article 4, titre 6*, à l'égard des gendres & brus. La Loi devoit être la même pour les *sterles* ou puînés mariés ensemble. Mes observations sur les articles cités me dispensent d'entrer dans un plus long détail sur celui-ci.

Article VII.

En cas de prédécès de la femme laissant des enfans survivans, le mari conserve, sa vie durant, la jouissance & usufruit, tant de la légitime que de la portion d'acquêts compétant

TITRE VII.

à sa femme prédécédée, à la charge de nourrir, élever & entretenir leurs enfans selon leur état & facultés ; mais venant à convoler en secondes noces, il ne conservera l'administration & usufruit des biens de sa femme prédécédée que jusqu'à la dix-huitieme année accomplie de celui de leurs enfans qui sera héritier de la femme.

La disposition de cet article est relative à celle de l'article 14 de l'ancienne Coutume de Barege, suivant lequel le survivant des *sterles* profitoit, malgré qu'il convolât en secondes noces, de l'usufruit des biens du conjoint prédécédé jusqu'à la majorité de leurs enfans, ou jusqu'à ce qu'ils fussent venus à s'établir en mariage.

Dans mon Commentaire sur cet article, *page* 293, j'éleve le doute, savoir si le pere, non moins que la mere, qui auroit survécu, devoit être privé de l'usufruit, malgré qu'il dût le conserver, suivant les regles du Droit commun. Je décidai la question contre le pere, & c'est l'avis qu'on embrassa lors de la rédaction, avec cette différence encore, qu'on borna même à son égard cet usufruit à la dix huitieme année accomplie de celui des enfans qui seroit héritier de la mere prédécédée : ainsi voit-on que la rédaction est encore moins favorable que l'ancienne Coutume au pere qui convole en secondes noces. L'on ne fit attention qu'à l'intérêt des enfans du premier lit ; on peut voir mon Commentaire à l'endroit cité, où je traite quelques autres queſtions qui peuvent encore trouver leur application. *Voyez l'article* 13 *ci-après*, qui regle l'adminiſtration des meres qui ſurvivent à leurs maris.

Article VIII.

Nonobſtant le convol en ſecondes noces, le ſurvivant pourra diſpoſer comme bon lui ſemblera de la quarte, tant de ſa légitime ou dot, que des biens qui lui ſeroient advenus du chef de ſon conjoint prédécédé ; mais il ne pourra inſtituer héritier qu'un des enfans du premier mariage, ſoit pour les acquêts faits durant ce mariage, & biens à lui advenus du chef dudit conjoint prédécédé, ſoit en ſa légitime ou dot, comme auſſi, pour les biens qui lui ſeroient advenus par voie de ſucceſſion, ſoit durant le premier, ſoit durant le ſecond ou autre mariage.

L'on retrouve ici mot pour mot la diſpoſition *de l'article* 14 *du titre* 6 *des gendres & brus* ; les puînés mariés enſemble n'étoient pas moins favorables, & d'ailleurs il falloit une Coutume uniforme. *Voyez mes Obſervations ſur ledit article* 14.

ARTICLE IX.

Le conjoint survivant qui auroit convolé en secondes noces, venant à décéder ab intestat, *aura pour héritier celui des enfans du premier mariage qui sera héritier du conjoint prédécédé.*

CET article prévoit le cas du décès *ab intestat* du conjoint survivant des sterles qui auroit convolé en secondes noces, & déclare son héritier celui de ses enfans du premier lit qui auroit hérité du conjoint prédécédé.

L'on sent les motifs de cette disposition; c'est, d'un côté, pour réunir sur la même tête les biens du pere & de la mere, & d'autre part, pour exclure les enfans d'un autre lit, toujours moins favorables que ceux d'un premier, quant aux biens de souche & acquêts du premier mariage.

ARTICLE X.

Si le conjoint qui auroit convolé, venoit à passer à des troisiemes noces, & qu'il voulût disposer, il doit pareillement instituer héritier un des enfans de son second mariage, par préférence à ceux du troisieme, pour les acquêts par lui faits durant ledit second mariage, & antérieurement au troisieme : mais venant, audit cas, à décéder ab intestat, *il aura pour héritier desdits acquêts, celui des enfans du second mariage qui fera héritier du conjoint prédécédé dudit second mariage.*

Les deux articles précédens nous enseignent comment & de quoi peut disposer celui des meytadés survivant qui a convolé en secondes noces ayant des enfans du premier lit, & lequel de ses enfans doit lui succéder à titre d'héritier, lorsqu'il est venu à décéder *intestat*.

Le présent article 10 suppose le cas où ce même conjoint auroit passé à des troisiemes noces, & qu'il eût fait des acquêts durant le second & troisieme mariage ; il veut que le conjoint meytadé qui se trouve dans cette position, voulant disposer, soit astreint d'instituer héritier un des enfans de chaque mariage, aux acquêts qu'il peut avoir faits durant chacun des mariages ; & que dans le cas il viendroit à décéder *intestat*, il aie pour héritier des acquêts du second mariage, celui de ses enfans qui aura hérité du conjoint prédécédé de ce second mariage.

D'où il suit nécessairement qu'à l'égard des acquêts du troisieme mariage, c'est le premier né de ce même mariage qui en hériteroit dans ledit cas de décès *ab intestat*, sauf que le conjoint du troisieme mariage se trouvât prédécédé, ayant élu pour son héritier un des enfans puînés, auquel cas ce seroit celui-ci qui lui succéderoit aussi, selon la disposition de l'article précédent.

Du reste, l'on peut voir par la disposition de cet article que celle de *l'art* 9 qui précede, est restreinte aux acquêts faits durant le premier mariage, puisque ceux faits durant le second ou troisieme mariage sont affectés aux enfans provenus de chaque mariage.

ARTICLE XI.

Au décès de l'un des conjoints, il sera fait à l'a-miable & sans frais, dans les trois jours, par le survivant desdits conjoints & par deux des plus proches parens du prédécédé, inventaire de tous leurs biens, duquel inventaire il sera fait double, pour rester l'un au pouvoir d'un desdits parens, & l'autre au pouvoir du conjoint survivant ; & sera ledit inventaire signé des Parties, si elles savent, & en défaut, il sera fait devant Notaire.

L'ARTICLE 14 de l'ancienne Coutume de Barege, dont il a été parlé dans l'art. 7 ci-devant, prescrivoit aussi la formalité de l'inventaire, mais il ne l'exigeoit que du meytadé survivant qui vouloit passer à des secondes noces, & profiter de l'usufruit des biens de ses enfans du premier lit ; au lieu que cet article 11 prescrivant en général cette formalité, on peut dire qu'il l'exige dans tous les cas, & quand même le survivant des meytadés ne penseroit point à se remarier, ce qui est fondé sur l'intérêt des enfans, qui, dans tous les cas, pourroient souffrir du défaut de l'inventaire. *Voyez mon Commentaire, pag.* 299 *& suivantes*, où je traite des questions qui peuvent encore avoir lieu, & que je ne répéterai pas ici.

ARTICLE XII.

Pareil inventaire sera fait, si les parens le jugent à propos, dans le cas où le survivant viendroit à convoler en troisiemes noces, à l'effet de fixer les acquêts du second mariage.

SUIVANT cet article, le survivant des meytadés qui auroit convolé, voulant encore passer à des troisiemes noces, ayant des enfans du second lit, les parens à ceux-ci peuvent le requérir & l'obliger à faire inventaire des biens qu'il pourroit avoir acquis durant son second mariage, & antérieurement au troisieme ; mais cet article, supposant qu'il existe déjà en vertu de l'article précédent un inventaire qui fixe la consistance des biens, tant du conjoint prédécédé, que de celui qui a survécu, ne parle de ce second inventaire que par maniere de conseil, & s'en remet à l'avis des parens sur la nécessité de l'exiger, pour constater les acquêts du second mariage.

ARTICLE XIII.

Le mari venant à prédécéder laissant des enfans, la femme vivant viduellement, aura, sa vie durant,

rant la jouissance & usufruit de la portion des acquêts dudit mari prédécédé, comme aussi la jouissance de la légitime de sondit mari, mais seulement jusqu'à ce que celui de leurs enfans héritier du mari, soit marié ou majeur de vingt-cinq ans, & à la charge de la nourriture, entretien & éducation de leurs enfans.

L'ARTICLE 7 de ce titre fixe les droits que les maris sterles qui survivent à leurs femmes, peuvent prétendre sur les biens qui ont passé d'elles sur la tête de leurs enfans; & nous avons vu sur cet article que le mari survivant a, durant sa vie, l'usufruit de ces biens, qui lui est accordé relativement à sa puissance paternelle; mais que s'il convole en secondes noces, il ne peut en jouir que jusqu'à la dix-huitieme année accomplie de celui des enfans, qui sera héritier de la femme prédécédée.

Il n'étoit pas moins juste de pourvoir aux femmes qui survivent à leurs maris, comme l'avoit fait l'ancienne Coutume de Barege; & c'est aussi là l'objet de la disposition de cet article 13, qui leur adjuge l'usufruit des biens de leurs maris prédécédés, mais seulement jusqu'à ce que celui de leursdits enfans qui aura hérité du mari, soit marié ou majeur de vingt-cinq ans, & sous la condition expresse de garder la viduité, de nourrir, entretenir & élever les enfans.

L'ancienne Coutume de Barege étoit plus favorable au survivant des *sterles* ou *meytadés*, puisque, soit que ce fût le mari qui survêcût, soit que ce fût la femme, elle leur attribuoit à l'un & à l'autre indistinctement la jouissance & usufruit des biens de leurs enfans, nonobstant leur convol en secondes noces, jusqu'à ce que l'aîné de ces enfans, devenu l'héritier du conjoint prédécédé, fût marié ou majeur de vingt-cinq ans; elle exigeoit seulement pour cela, que le survivant eût rempli la formalité de l'inventaire, comme on le voit par *l'article* 14 de cette ancienne Coutume.

Mais notre nouvelle coutume, plus occupée de l'intérêt des enfans du premier lit, borne cette jouissance, quant au pere, à la dix-huitieme année accomplie de celui des enfans qui est héritier de la femme prédécédée ; c'est ce que porte expressément *l'article 7 de ce titre* : & si elle conserve cet usufruit à la mere survivante jusqu'à ce que l'enfant héritier du mari prédécédé soit marié ou majeur de vingt-cinq ans, ce n'est que sous la condition expresse qu'elle vivra viduellement, comme on le voit par cet *article* 13 ; en sorte qu'elle en seroit privée sans difficulté, si elle venoit à convoler en secondes noces, quand même elle eût fait procéder à l'inventaire des biens.

Article XIV.

Les frais funéraires du conjoint prémourant seront pris sur la totalité de ses biens, soit légitimes, soit acquêts ; quant aux autres dettes passives contractées pendant le mariage, elles seront supportées par égale portion entre les conjoints.

La premiere disposition de cet article, que la nouvelle Coutume a rendu commune à tous les pays coutumiers & aux personnes de toutes classes, faisoit partie de l'ancienne Coutume de Barege, qui sur ce point, comme je l'ai dit ailleurs (1), avoit adopté la maxime du droit commun : *unusquisque de suo funerari debet.*

C'est le cas d'observer ici que, parlant dans *mon Commentaire, pag.* 215, du retour de la légitime d'un gendre ou d'une bru, j'avance qu'il faut commencer par déduire les dettes passives du décédé, & prendre les frais funéraires sur la totalité restante. Je conviens que c'est là de ma part une erreur dont je m'apperçus peu de temps après l'impression : en effet, les frais funéraires d'une personne forment sa premiere dette passive, sa dette la plus privilégiée, qui doit conséquemment être acquittée la premiere, comme cet article le fait entendre fort à propos, en prescrivant que

_____

(1) Voy. les art. 9 & 11 du titre premier, l'art. 3 du titre 3, l'art. 4 du titre 4, & le 2 du titre 5.

ces frais feront les premiers déduits fur la totalité des biens du conjoint prémourant.

La feconde difposition de cet article 14 tombe fur les dettes paffives contractées par les *fterles* durant leur mariage. Elle porte que ces dettes feront fupportées par égale portion entre les conjoints.

Cette difposition eft très-jufte, & une fuite de la communauté des biens qui fe contracte entre les puînés qui fe marient enfemble. Les acquêts qu'ils ont faits durant leur mariage, devenant partageables entr'eux par égales portions, il en doit être de même des dettes qu'ils peuvent avoir contractées durant leur mariage. *Voyez mon Commentaire*, pag. 278.

ARTICLE XV.

La portion des dettes paffives du prédécédé fera prife fur fes acquêts, & en cas d'infuffifance fur la quarte de fa légitime, & fubfidiairement fur les trois quarts reftans de fadite légitime; le furplus des dettes, s'il y en a, fera à la charge du furvivant.

NOTRE Coutume ayant décidé par l'article précédent que les dettes paffives contractées par les *fterles* doivent être fupportées par égale portion entr'eux, regle dans celui-ci la maniere dont elles doivent être prifes fur les biens du conjoint prédécédé. Elle veut que ce foit d'abord fur les acquêts, puis fur la quarte de fa légitime, & fubfidiairement fur les trois quarts reftans; enfin par la derniere difpofition de cet article, elle veut que fi les biens du conjoint prédécédé, foit acquêts, foit de fouche, ne fuffifent pas pour acquitter fa portion des dettes, le reftant foit à la charge du conjoint furvivant.

Toutes ces difpofitions font remplies d'équité: la derniere eft fondée fur ce que deux puînés mariés enfemble, font regardés comme folidaires à l'égard des dettes par eux contractées durant leur mariage. *Voyez mon Commentaire, pag.* 279.

ARTICLE XVI.

En défaut d'enfans & de difpofition de la part du prédécédé, la quarte de fa légitime & de fadite portion d'acquêts céderont en pleine propriété au conjoint furvivant, les autres trois quarts de fa légitime devant revenir à l'héritier de fa maifon natale.

VOICI la derniere faute eftentielle où eft tombé le Scribe qui fut chargé de mettre au net les articles convenus de la nouvelle Coutume. Après avoir écrit ces mots, « *la quarte de fa légitime,* » il ajoute ceux-ci, « & de fadite portion d'acquêts; » en forte qu'on eft induit à croire qu'en défaut d'enfans & de difpofition de la part du prédécédé, il ne doit revenir à son conjoint survivant que la quarte de la portion d'acquêts du prédécédé, comme la quarte de sa légitime : ce qui fait une restriction tout-à-fait contraire au vœu de l'Assemblée, qui délibéra très-certainement, & d'une commune voix, (je le certifie) que la portion d'acquêts du conjoint prédécédé, ainsi que la quarte de sa légitime, appartiendroient au conjoint survivant. J'ajoute que cela fut réglé de même, par cette raison qu'il fut trouvé plus équitable de les adjuger en entier au survivant, qui tout au moins avoit contribué à les faire, que de les accorder à l'héritier de la maison natale du conjoint prédécédé, qui n'y avoit aucunement influé.

Il faut donc supprimer l'adverbe *de*, qui précede immédiatement ces mots, « *sa portion d'acquêts*, » & lire l'article comme suit : « *en défaut d'enfans & de disposition de la part du prédécédé, la quarte de sa légitime & sadite portion d'acquêts céderont*, &c. »

Au surplus, l'erreur du Scribe est naturellement indiquée, & se prouve par la derniere disposition de ce même article, qui réduit aux trois quarts de la légitime du conjoint prédécédé ce qui doit revenir de droit sur ses biens à l'héritier de sa maison natale ; d'où il suit nécessairement que tous autres biens doivent rester & appartenir au conjoint survivant. Quelque juste & fondée que soit mon obfervation fur cet article, ainfi que celle fur l'article 21 du tit. 6, elles peuvent être débattues par les intéreffés jufqu'à ce que des Arrêts du Parlement les aient rejetées ou acceptées. Ce moyen de fe fixer feroit trop long & ruineux: il y en auroit un plus fimple, plus court & beaucoup moins difpendieux. La Province, d'après l'examen de mes réflexions, pourroit folliciter des Lettres patentes du Roi, qui feroient connoître & corrigeroient les fautes de diftraction que j'ai relevées dans la tranfcription qui fut faite du cahier de nos Coutumes.

Article XVII.

Celui des conjoints qui aura furvécu, venant auffi à décéder ab inteftat *fans laiffer des enfans, tous fes biens appartiendront à l'héritier de fa maifon natale.*

Ce dernier article concernant les *fterles*, prévoit le cas où celui des deux conjoints qui a furvécu, viendroit à décéder lui-même fans laiffer des enfans & fans avoir difpofé, & il décide qu'alors tous fes biens appartiennent à l'héritier de fa maifon natale; ce qui eft une fuite du fidéicommis établi par notre Coutume.

Du refte, notre Coutume fuppofe toujours que tous les biens foient fitués en pays coutumier, & que le *fterle* furvivant y ait fon domicile; car s'il y avoit des immeubles situés en pays de droit écrit, ils appartiendroient au plus proche parent habile à succéder, conformément aux regles du droit commun, ainsi que les biens meubles, si le sterle survivant avoit son domicile en pays de droit écrit. Voyez mes *observations sur la fin de l'article 7 du tit. 4.*

TITRE HUITIEME.

Du Retrait Lignager.

ARTICLE UNIQUE.

Le retrait lignager aura lieu dans les Pays coutumiers, & sera réglé conformément à ce qui est observé dans le surplus du Pays & Comté de Bigorre.

L'ANCIENNE Coutume de Barege, *art.* 17, & l'Attestation du Sénéchal, *art. dernier*, parloient du retrait lignager; mais ce n'étoit que pour régler par qui, en quel temps, & sur quels biens il pouvoit être exercé. Il y avoit quelque différence entre leurs dispositions, & elles ne disoient rien sur les formalités à observer en cette matiere.

L'on crut, lors de la rédaction, qu'il étoit convenable, non-seulement de faire cesser cette diversité, mais encore de mettre sur ce point nos Pays coutumiers au niveau du reste de la Province. D'après quoi, c'est le cas que j'observe ici, que parmi les questions assez nombreuses que j'avois ramassées dans mon Commentaire sur *l'art.* 17, comme les plus fréquentes dans nos Pays coutumiers, il y en a qui doivent être décidées autrement, par une suite du changement survenu, soit dans nos Coutumes, soit dans la Jurisprudence du Parlement.

1°. Je disois, à la *p.* 338, que pour pouvoir exercer le retrait d'un fonds, il falloit être parent du vendeur du côté & ligne de celui qui avoit mis le premier dans la famille le fonds vendu.

Il suffit aujourd'hui d'être parent du vendeur pour être reçu au retrait, conformément à ce qui s'observe dans le reste de la Province, d'après la Jurisprudence du Parlement de Toulouse, qui, suivant les principes du Droit romain, ne fait aucune distinction de ligne ni de biens paternels & maternels. Voyez la *Journal du Palais de Toulouse, dernier tome, pag.* 26 *&* 178; *le nouveau Traité des Retraits, imprimé en* 1779, *pag.* 83, *attribué à Me. Soulatges.*

2°. Je dis au même endroit, *pag.* 338, que, suivant nos Coutumes, le retrait lignager ne peut avoir lieu que pour les biens avitins ou de souche, & non pour les acquêts.

Notre article ne décide pas expressément s'il en doit être de même à l'avenir; il se borne à à prescrire en général qu'il en sera usé dans nos Pays coutumiers conformément à ce qui s'observe dans le surplus du Comté de Bigorre : ainsi, pour décider si aujourd'hui le retrait lignager doit avoir lieu pour les acquêts dans nos Pays coutumiers, il n'y a qu'à savoir s'il est admis ou non dans

TITRE VIII.

le reste de la Province. S'il y est admis, il doit l'être aussi dans le ressort de notre Coutume, & nullement dans le cas contraire.

J'ai voulu m'éclairer sur ce point avec des Avocats & Procureurs au Sénéchal de Tarbe, apprendre par eux ce qui s'observoit à cet égard dans leur Tribunal, & je les ai trouvés partagés en avis.

Les uns ont prétendu que les acquêts étoient affranchis du retrait, conformément à la Coutume de Paris, qui, sur cette matiere, étoit la Loi générale du Royaume, sauf qu'une Coutume en disposât autrement en termes exprès, suivant une Consultation de cinq fameux Avocats au Parlement de Toulouse, *du 9 Décembre* 1754, & un acte de notoriété du Parquet de la même Cour, insérés l'un & l'autre dans le dernier recueil *d'Édits, Ordonnances Royaux & Arrêts du même Parlement, tome* 6, *pag.* 217 *& suiv.*

Les autres ont soutenu avec la même confiance que les acquêts, non moins que les propres, étoient assujettis au retrait dans tous les Pays ressortissans au Parlement de Toulouse, esquels le retrait en général étoit reçu, parce que le Droit écrit ne distinguoit pas entre les biens *acquêts* & les *propres*, pas plus qu'entre les biens *paternels* & les biens *maternels*, & ne connoissoit qu'un seul patrimoine. Au soutien de leur avis, ils citoient, de leur côté, une Consultation conforme & toute récente d'autres Avocats renommés au même Parlement, & ils ajoutoient que le Sénéchal non plus n'étoit jamais entré dans cette précision de biens propres & de biens acquêts, & qu'il avoit toujours admis au retrait indistinctement pour les uns & pour les autres, comme on pouvoit le justifier par ses registres.

Entre ces deux opinions si opposées, je dis qu'il ne s'agit pas ici de discuter si c'est la Coutume de Paris, ou bien les Lois Romaines qu'il faut consulter & suivre dans le cas présent; mais que la question est purement de fait, & consiste à savoir ce qui se pratique dans les endroits de la Province de Bigorre, qui (quoique régis par le Droit écrit) reconnoissent l'exercice du retrait lignager; & savoir, au désir de notre Coutume, s'il y est admis pour les *acquêts*, non moins que pour les *propres*.

Ce point ne peut être constaté que par des actes passés devant Notaire, ou bien par ce qui s'observe dans les Tribunaux; & ce même point est déjà établi, s'il est vrai que le Sénéchal, (comme il résulte de la seconde des deux opinions rapportées,) ne distingue aucunément entre les acquêts & les propres, en sorte qu'il reçoive à retraire les uns comme les autres. Dès lors il n'y a aucun doute que le retrait lignager ne doive aussi avoir lieu dans le district de notre

Coutume, tant pour les *acquêts* que pour les propres.

Au demeurant, il faut convenir que cette maniere de voir & de juger par le Sénéchal, (sur laquelle, si on le veut, on pourroit se procurer une plus grande certitude,) est plus fondée en raison que ne l'est le Droit coutumier lui-même; car si celui-ci n'admet le retrait pour les biens propres qu'à cause de l'affection que les parens peuvent y avoir, cette affection pouvant se faire sentir également pour des *acquêts*, puisqu'il est naturel que l'on tienne à ce qui a une fois appartenu à ses parens, il paroît singulier de permettre le retrait à l'égard des uns, & de l'interdire à l'égard des autres.

Aussi est-ce par cette considération que des Auteurs très-estimés, comme *Grimaudet*, *Traité des Retraits*, §. 32, *Glos.* 1, & *M. de Cambolas*, *liv.* 3, *chap.* 35, enseignent que les acquêts ne sont pas moins retrayables que les propres. C'étoit aussi l'avis d'un célebre Avocat au Parlement, feu Me. *Cambon*, comme je l'ai vu dans *son Recueil manuscrit sur les principales questions de droit*, qu'on pourroit vérifier entre les mains de Me. Cambon, son neveu, aussi Avocat au Parlement. Comme les deux Auteurs cités, il se fondoit sur cette raison judicieuse, qu'aussi-tôt qu'un immeuble est entré dans une famille, le droit de le retraire en cas de vente, est acquis à toute la famille.

J'ajoute qu'on ne peut plus dire que la Cour de Parlement de Toulouse s'en tienne scrupuleusement à la Coutume de Paris, puisque la derniere Jurisprudence est d'admettre au retrait de biens acquêts toutes les fois que le retrayant, repoussé par l'acquéreur, allegue & prouve que tel est l'usage dans le lieu, ainsi qu'il résulte formellement des Arrêts recueillis par l'*Auteur du Nouveau Traité des Retraits, pag. 9 & suiv.*

Je dirai plus ; c'est que si cette même Cour, (contre l'esprit & la lettre de la Coutume de Paris, & d'après les principes du Droit écrit,) ne faisant aucune distinction de ligne, ni de parens paternels & maternels, les admet indifféremment au retrait les uns & les autres, comme je l'ai remarqué plus haut, pag. 152, sans entendre pouvoir pénétrer dans la profondeur de ses lumieres, il y a lieu de penser qu'animée des mêmes principes, elle accueilleroit aujourd'hui le retrait pour les acquêts, comme pour les propres, lorsqu'il n'y auroit pas de Coutume ni d'usage qui en décidât autrement (1) ; & au fond, quoique le

―――――――――――――――――――――――

(1) L'Auteur du nouveau Traité des Retraits, pag. 27, parle du cas où celui qui a aquis à vente pure un immeuble, en accorde dans les suites la faculté de rachat au vendeur, & décide d'après *Dumoulin & Brodeau sur Louet,* que cette

retrait soit réputé odieux, ce seroit toujours lui avoir porté une assez forte atteinte par les obstacles qui ont été mis à son exercice, en assujettissant strictement & rigoureusement les retrayans aux formalités qu'ils doivent remplir, & dont je vais parler dans l'observation qui suit.

3°. *Pag.* 378 *de mon Commentaire*, après avoir indiqué les formalités ci-devant usitées dans nos Pays Coutumiers, conformément au Droit commun, je dis qu'on n'exige plus l'offre réelle, ni la consignation, qui ne sont nécessaires que pour gagner les fruits du fonds dont on demande le retrait.

L'on s'étoit effectivement relâché sur ces formalités, comme il conste de l'*Arrêt du* 11 *Mai* 1726, rapporté par l'Observateur de M. *de Catellan*, liv. 3, chap. 11, qui suppose en effet qu'il suffit que le retrayant rembourse l'acquéreur dans le délai qui lui est fixé par le Juge : mais dans les suites, la Cour, pour restreindre sans doute l'exercice du retrait, a trouvé convenable de rentrer dans son ancienne Jurisprudence, attestée par M. *Maynard*, *liv.* 7, *chap.* 44, M. *de Cambolas*, *liv.* 2, *chap.* 17 ; par *Albert*, *lettre R*, *chap.* 45 ;

───────────────

faculté de rachat, venant à être exercée, donne lieu au retrait, ce qui suppose nécessairement qu'un acquêt est retrayable ; car on ne peut contester qu'un immeuble acquis par quelqu'un, qui en vend ensuite la faculté de rachat, ne soit un acquêt sur sa tête.

par *M. de Catellan, liv.* 3, *chap.* 11, *Vedel, ibid.*, & par l'Auteur du *Journal du Palais de Toulouse, tom.* 3, *pag.* 15; en sorte qu'aujourd'hui elle juge constamment que dans les Pays où (comme dans le nôtre) il n'y a point de Coutume qui regle expressément les formalités du retrait, l'on n'est plus recevable à l'exercer qu'autant qu'on aura fait un acte d'offre réelle avec exhibition & numération d'especes, & consigné légalement dans l'an & jour. *Voyez le nouveau Traité des Retraits, cité pag.* 153 *& suiv.*

Il y a d'ailleurs plusieurs Arrêts récens qui ont jugé ce point en these : j'en citerai quelques-uns, rendus la plus grande partie pour nos pays Coutumiers; un du 3 *Septembre* 1755, pour les sieurs Ferron pere & fils, contre les sieurs Peré & Lavigne; un autre du 16 *Juin* 1769, entre M. Pons & la dame de Belcastel; autre *du* 28 *Août* 1776, entre Pradere & Larcade; *deux autres du* 24 *Juillet* 1778, & 14 *Juillet* 1779, pour Marie Monra & Jean Place, contre la demoiselle Portalet, *un autre de la même année* 1779, contre le sieur Canton du lieu de Lésignan, & un *autre du* 22 *Août* 1783, rendu en la seconde Chambre des Enquêtes, au rapport de M. Juin de Siran, au profit des sieurs Ribettes pere & fils, habitans de la ville de Lourde, contre Me. Daure Notaire du lieu de
Saint

Saint Créat : l'espece de ce dernier Arrêt étoit telle.

Le 19 Octobre 1778, Me. Daure & la demoiselle Castaing sa mere, vendirent au prix de 4000 liv. au sieur Ribettes pere, & à la demoiselle Couffié mariés, l'Abbaye Laïe de Gazost, située dans nos pays coutumiers ; le contrat de vente fut contrôlé & insinué le même jour.

Le 19 Octobre de l'année suivante Me. Daure fit signifier aux acquéreurs un acte par lequel l'Huissier déclare s'être transporté en leur domicile pour leur offrir réellement & à bouse déployée la somme de 4000 liv., pour remboursement du prix de la vente, & celle de 507 liv. 6 s. pour les frais & loyaux-coûts de l'acte de vente. L'Huissier n'ayant pu leur parler personnellement, les somme par cet exploit de se transporter à cinq heures du soir, ce même jour, dans l'étude de Me. Caubotte, Notaire de la ville de Lourde, à l'effet de consentir la revente de l'Abbaye, avec déclaration qu'en défaut les sommes offertes seront consignées, & qu'ils demeurent assignés devant le Sénéchal pour se voir en conséquence condamner au délaissement de ladite Abbaye.

Les acquéreurs n'ayant point comparu, Me. Daure en fit dresser procès verbal, & trois jours après, le 23 Octobre, consigna lesdites sommes : les délais de l'assignation expirés, il en poursuivit les conclusions. Les acquéreurs demandent leur relaxe par fins de non-recevoir, prifes du défaut d'offre valable & de confignation dans l'an & jour du contrat.

Me. Daure excipe de l'ufage du comté de Bigorre, où il prétend que le droit de retraire eft acquis, ou confervé par la feule affignation dans l'an & jour. Le Sénéchal de Tarbe, par Sentence du 22 Août 1780, condamne les acquéreurs à confentir dans huitaine le retrait de l'Abbaye de Gazoft, fauf à eux à retirer les fommes dépofées entre les mains du Receveur des confignations, &c.

Le fieur Ribettes & fon époufe appellerent de cette Sentence en la Cour, où Me. Daure infifte au démis de l'appel, repouffant toujours leurs fins de non-recevoir par l'ufage conftant de la Sénéchauffée de Bigorre, qui, felon lui, admettoit au retrait fur une fimple affignation, à raifon de quoi il rapportoit un grand nombre d'actes du Notaire, & des jugemens du Sénéchal. Il difoit d'autre part avoir furabondamment fatisfait aux formalités que les acquéreurs prétendoient être néceffaires pour parvenir au retrait, puifqu'il avoit fait offre réelle, & configné dans l'an & jour à compter de l'enfaifinement du contrat de vente. Il foutenoit enfin que l'an & jour prefcrits pour excercer le retrait ne commençoient à courir que depuis l'enfaifinement du contrat, aux termes exprès des *Édits du mois*

TITRE VIII.

d'*Avril* 1685, *Décembre* 1701, *de la Déclararation du* 23 *Juin* 1705, *& de Mai* 1710. Il citoit aussi au soutien de son assertion, des Arrêts de la Cour, entr'autres celui rendu *le* 23 *Juin* 1772, au rapport de M. de Montégut, en faveur de la dame de Latour, contre le sieur Benqués, de la ville de Tarbe.

Les sieurs Ribettes, pere & fils (1), répliquent que l'offre réelle, avec numération des especes & la consignation dans l'an & jour de l'insinuation du contrat, étoient de rigueur, suivant la Jurisprudence de la Cour; ce qu'ils établissoient par les Arrêts & les autorités que j'ai cités plus haut, & ils soutenoient que cette Jurisprudence formoit le Droit commun de la Province de Bigorre, où il n'y avoit point de Coutume écrite qui fixât les formalités du retrait.

Ils rapportoient de leur côté nombre d'actes de Notaire & de jugemens du Sénéchal, avec un certificat du Receveur des Consignations, pour établir l'usage où l'on étoit en Bigorre d'offrir réellement, & de consigner dans l'an & jour de l'insinuation de la vente.

Ils ajoutoient que c'étoit même là une Loi générale pour tous les pays du Royaume, où il n'y avoit pas une Coutume écrite contraire, selon la

---

(1) Le sieur Ribettes fils avoit été mis en cause, comme héritier de la demoiselle Couslié, décédée durant l'instance.

disposition de *l'article XXVI de l'Edit du mois de Décembre* 1703.

Que les Edits de 1685, 1701, 1710, & la Déclaration du 23 Juin 1705, n'étoient relatifs qu'aux intérêts particuliers du Roi, & ne parloient pas même du retrait lignager.

Que l'Arrêt rendu au profit de la dame de Latour fut fondé sur l'acquiescement que le sieur Benqués avoit donné au retrait dans le commencement de l'instance. Que des Arrêts postérieurs (entre lesquels ils rapportoient ceux que j'ai cités, rendus l'un au profit de Moura & Place, contre la demoiselle Portalet, & l'autre en faveur de Pradere, contre Larcade) ne laissoient aucun doute sur la nécessité de l'offre réelle avec numération des especes, & de la consignation à faire dans l'an & jour, à compter non de l'ensaisissement, mais de l'insinuation du contrat de vente.

Ils disoient enfin que l'acte d'offre qui leur avoit été fait au nom de Me. Daure n'étoit pas valable, ne leur ayant pas été signifié personnellement, avec exhibition & numération des especes prétendues offertes; & que sa consignation n'ayant eu lieu qu'après l'an & jour de l'insinuation du contrat, étoit tardive, & ne pouvoit lui servir de rien.

Tels étoient en substance les moyens respectifs des Parties, sur lesquels intervint, le 22 Août

TITRE VIII. 163

1783, l'Arrêt déjà cité, dont je vais rapporter, en raccourci, la qualité & le dispositif, comme très-propres à fixer sur la question ; ce qui terminera mes observations sur ce titre.

Entre le sieur Felix Ribettes, & la demoiselle Coussié son épouse, habitans de la ville de Lourde, appelans de la Sentence contre eux rendue par le Sénéchal de Tarbe le 2 Août 1780, avec dépens, d'une part, &c. Me. Jean-Hector Daure, Notaire Royal, habitant du lieu de Saint-Créat, &c. & lesdits mariés, supplians par requête de joint du 7 Février 1781, à ce que, disant droit sur leur appel, cassant ou réformant la Sentence du Sénéchal, casser ou rejeter la prétendue offre réelle & la consignation ; & ce faisant, les relaxer des demandes à eux faites, &c. &c. Lesdits sieurs Ribettes & demoiselle Coussié, supplians par requête de joint du 19 Mai 1781, tendante à ce qu'il plaise à la Cour les recevoir à fixer leurs conclusions aux suivantes, *disant droit sur leur appel, cassant ou réformant la Sentence du Sénéchal de Tarbe du 14 Août 1780, casser ou rejeter l'acte d'offre du 19 Octobre 1779, comme vicieux & nul, & la consignation du 23 du même mois, comme faite après l'an & jour du retrait* ; ce faisant, débouter ledit sieur Daure de sa demande en retrait par fins de non-recevoir & par toutes autres voies de droit, &c. « *Notre-*
» *dite Cour, disant droit aux Parties*, reçoit lesdits

» Ribettes à la fixation de leurs conclusions ;
» comme aussi, reçoit ledit Daure fils à adhérer
» aux conclusions prises par ledit Daure pere,
» rejette la piece cotée n°. 53, *Blanc*; *& disant*
» *droit sur l'appel & requête desdits Ribettes,*
» *sans avoir égard au surplus des requêtes desdits*
» *Daure*, a mis & met l'appellation & ce dont
» a été appelé au néant ; *& réformant ladite*
» *Sentence, casse l'acte d'offre du* 19 *Octobre*
» 1779, *& la consignation du* 23 *du même*
» *mois* ; *ce faisant, démet lesdits Daure, pere*
» *& fils, de leur demande en retrait lignager*
» *par fins de non-recevoir*, &c. condamne lesdits
» Daure aux dépens, &c. Prononcé à Toulouse
» en notre Parlement le 22 Août 1783. »

TITRE NEUVIEME
ET DERNIER.

Des cas omis & non prévus.

ARTICLE UNIQUE.

Tous les cas non exprimés, & non littéralement prévus dans la présente rédaction, seront réglés & jugés suivant & conformément au Droit écrit.

IL n'est pas donné aux hommes de tout prévoir & d'éviter tout oubli, notamment dans un travail, relatif à plusieurs objets, continu d'environ deux mois, abstrait, dégoûtant par lui-même, & plus encore par la variabilité des divers suffrages qu'il y avoit à réunir à cette rédaction; mais on y pourvut par la disposition de ce dernier article, qui remplit encore ce premier objet, qu'on s'étoit proposé de se rapprocher du Droit commun.

Ainsi, la disposition de cet article est des plus afférantes, & prévient une infinité de procès, en condamnant l'application déplacée qu'on pouvoit faire d'une disposition de la Coutume à une autre.

L'on ne peut qu'applaudir à l'idée qu'on eut de porter cette disposition : j'observe néanmoins que cette idée n'eſt pas nouvelle ; les Coutumes d'*Auvergne*, de *la Marche* & de *Bourbonnois*, ont une ſemblable diſpoſition, confirmée par Lettres Patentes du Roi François Ier., des 19 Décembre 1508 & 13 Mars 1521, qui portent expreſſément que les cas omis par leſdites Coutumes ſeront suppléés par le Droit romain. Toutefois l'on peut dire que la diſpoſition de notre article ſemble conçue encore d'une maniere plus préciſe.

J'obſerverai en finiſſant, que les principes que je rappelle dans mes obſervations ſur l'art. 1er. du titre 3 ci-devant, viennent d'être renouvelés, & à jamais conſacrés par l'auguſte Aſſemblée Nationale, en qui réſide le pouvoir légiſlatif, accompagné de la ſanction royale.

Me voici parvenu à la fin de mon travail ; il ne me reſte qu'à déſirer que l'on me ſache quelque gré de mes ſoins, & que, pour la gloire & le bonheur de la Nation, au lieu de s'élever les uns contre les autres par des mauvais motifs, chacun dans ſon état s'efforce de remplir ſa tâche envers la Patrie.

Suite du Procès verbal des Coutumes de Bigorre.

Et du Samedi dix-sept Décembre mil sept cent soixante-huit, en l'Audience par nous tenue dans la salle ordinaire du Sénéchal, avons fait procéder à la lecture & publication desdites Coutumes, qui a été faite par l'Ordonnance de Nous Commissaires susdits, en présence des Officiers dudit Sénéchal, & après avoir ouï Figarol, Procureur pour les Syndics des Etats de Bigorre, qui a conclu pour ses Parties à ladite lecture & publication; comme aussi, qu'il fût dit droit sur l'utilité du défaut contre les défaillans & non comparans à ladite rédaction, ensemble ouï, & ce requérant, Salles, Substitut du Procureur Général du Roi.

« Nous, demeurant la lecture & publication de
» la rédaction des Coutumes dont est question,
» disant droit sur les conclusions prises par Figarol
» pour les Syndics Généraux des Etats du Pays &
» Comté de Bigorre, ensemble sur les réquisitions
» du Substitut du Procureur Général du Roi,
» ordonnons que lesdites Coutumes seront enre-
» gistrées ès Registres de la présente Sénéchaussée,
» pour icelles être gardées & observées inviola-
» blement de point en point comme Loi perpé-
» tuelle & irrévocable, sans qu'il puisse aucune-
» ment y être contrevenu, avec défense à tous

» Avocats, Procureurs, Praticiens & à tous autres
» d'alléguer, déduire ou mettre en avant d'autres
» Coutumes; défendons pareillement aux Juges
» & autres Officiers dudit Pays & Comté de
» Bigorre, de permettre qu'il en soit allégué d'au-
» tres, & sans y avoir égard, leur enjoignons de
» juger, conformément auxdites Coutumes rédi-
» gées & enregistrées; déclarons en outre le défaut
» requis contre les défaillans & non comparans à
» ladite rédaction, soit des gens d'Eglise, soit de
» la Noblesse & du Tiers-Etat, bien poursuivi &
» entretenu, & pour l'utilité d'icelui, déclarons
» lesdits défaillans être censés & réputés sujets
» auxdites Coutumes, & par eux devoir être
» gardées & observées selon leur forme & teneur,
» ainsi & de même que par les autres susdits Com-
» parans. »

A suite de quoi, avons pris lesdites Coutumes pour les apporter en la Cour de Parlement, à l'effet d'y être enregistrées & homologuées, & en avons laissé au Greffe du Sénéchal un double signé de nous Commissaires susdits & de notre Greffier, & en témoin de tout ce dessus, avons signé le présent procès verbal, les an & jour dessus dits. LACARRY, COUDOUGNAN, Commissaires. ESPAGNOU, Greffier, *signés*.

Extrait des Registres du Parlement.

VU les Lettres Patentes de Sa Majesté du vingt-six Janvier mil sept cent soixante-six, portant nomination des MM. de Lacarry & Coudougnan, Conseillers en la Cour, pour la rédaction des Coutumes de la vallée de Barege, les vallées de Lavedan, la ville de Lourde, pays de Riviere-Ousse, la baronnie des Angles & marquisat de Benac, au pays & comté de Bigorre; l'Arrêt de la Cour du 10 Février suivant, qui avoit ordonné l'enregistrement desdites Lettres Patentes dans ses registres; vu aussi le cahier contenant le procès verbal & rédaction desdites Coutumes par lesdits Commissaires, commencé le 28 Octobre dernier, lues, publiées & enregistrées au Siege du Sénéchal de Tarbe le 17 Décembre aussi dernier, ensemble les conclusions du Procureur Général du Roi, qui a requis l'homologation & l'enregistrement dans les registres de la Cour, dudit cahier des Coutumes, pour être exécutées dans tout leur contenu, & comme plus au long est porté dans les susdites Lettres Patentes,

LA COUR, homologant lesdites Coutumes, ordonne que le Cahier d'icelles sera enregistré dans ses registres, & qu'elles seront gardées & observées inviolablement de point en point, suivant leur forme & teneur, sans qu'il puisse y être contrevenu; ordonne en outre qu'elles seront imprimées avec le présent Arrêt, & que copie d'icelui, dûment collationnée, sera incessamment envoyée par ledit Procureur Général à son Substitut au Sénéchal de Tarbe, & ailleurs, si besoin est, pour y être pareillement enregistré & exécuté selon sa forme & teneur ; de quoi la Cour sera certifiée dans le mois. PRONONCÉ à Toulouse, en Parlement, le 21 Janvier 1769. Collationné, ESPAGNOU. Contrôlé, VERLHAC. Monsieur DE BASTARD, Rapporteur.

Collationné par Nous Ecuyer, Conseiller-Secrétaire du Roi, Maison-Couronne de France, Audiencier en la Chancellerie de Languedoc près le Parlement de Toulouse.

FIN.

APPROBATION.

J'AI lu, par ordre de Monseigneur le Garde de Sceaux, un Manuscrit intitulé: *Explication des Coutumes de la vallée de Barege, des six vallées de Lavedan, &c.* par M. Marie-Germain NOGUÉS, Conseiller, Procureur du Roi au Siege Royal Consulaire de la vallée de Barege, & n'y ai rien trouvé qui doive empêcher d'en permettre l'impression. A Toulouse, le 24 Octobre 1788. POITEVIN, signé.

PRIVILEGE GÉNÉRAL.

LOUIS, PAR LA GRACE DE DIEU, ROI DE FRANCE ET DE NAVARRE, à nos amés & féaux Conseillers les Gens tenans nos Cours de Parlement, Maîtres des Requêtes ordinaires de notre Hôtel, Grand-Conseil, Prévôt de Paris, Baillifs, Sénéchaux, leurs Lieutenans Civils & autres nos Justiciers qu'il appartiendra : SALUT. Notre amé le Sieur NOGUÉS, notre Conseiller, Procureur pour nous audit Siege Royal Consulaire de la Vallée de Barege, nous a fait exposer qu'il désireroit faire imprimer & donner au public *l'Explication des Coutumes de la vallée de Barege, des six vallées de Lavedan, &c.* s'il nous plaisoit lui accorder nos Lettres de Privilege pour ce nécessaire. A CES CAUSES, voulant favorablement traiter l'Exposant, nous lui avons permis & permettons par ces présentes, de faire imprimer ledit ouvrage autant de fois que bon lui semblera, & de le vendre, faire vendre & débiter par-tout notre Royaume ; voulons qu'il jouisse de l'effet du présent Privilege, pour lui & ses hoirs à perpétuité, pourvu qu'il ne le rétrocede à personne ; & si cependant il jugeoit à propos d'en faire une cession, l'acte qui la contiendra sera enregistré en la Chambre Syndicale de Paris, à peine de nullité, tant du Privilege que de la Cession ; & alors, par le fait seul de la Cession enregistrée, la durée du présent Privilege sera réduite à celle de la vie de l'Exposant, ou à celle de dix années, à compter de ce jour, si l'Exposant décede avant l'expiration desdites dix années ; le tout conformément aux articles IV & V de l'Arrêt du Conseil du 30 Août 1777, portant Reglement sur la durée des Privileges en Librairie. Faisons défenses à tous Imprimeurs, Libraires & autres personnes de quelque qualité & condition qu'elles soient, d'en introduire d'impression étrangere dans aucun lieu de notre obéissance ; comme aussi d'imprimer ou faire imprimer, vendre, faire vendre, débiter ni contrefaire ledit ouvrage, sous quelque prétexte que ce puisse être, sans la permission expresse & par écrit dudit Exposant, ou de celui qui le représentera, à peine de saisie & de confiscation des exemplaires contrefaits, de six mille livres d'amende, qui ne pourra être modérée pour la premiere fois, de pareille amende & de déchéance d'état en cas de récidive, & de tous dépens, dommages & intérêts, conformément à l'Arrêt du Conseil du 30 Août 1777, concernant les contrefaçons : à la charge que ces Présentes seront enregistrées tout au long sur le registre de la Communauté des Imprimeurs & Libraires de Paris, dans trois mois de la date d'icelles ; que l'impression dudit Ouvrage sera faite dans notre Royaume & non ailleurs, en beau papier & beaux caracteres, conformément aux Reglemens de la Librairie, à peine de déchéance du préfent Privilege; qu'avant de l'expofer en vente, le manufcrit qui aura fervi de copie à l'impreffion dudit Ouvrage, fera remis dans le même état où l'approbation y aura été donnée ès mains de notre très-cher & féal Chevalier, Garde des Sceaux de France, le Sieur BARENTIN; qu'il en fera enfuite remis deux Exemplaires dans notre Bibliotheque publique, un dans celle de notre Château du Louvre, un dans celle de notre très-cher & féal Chevalier, Chancelier de France, le Sieur DE MAUPEOU, & un dans celle dudit Sieur BARENTIN: le tout à peine de nullité des Préfentes; du contenu defquelles vous mandons & enjoignons de faire jouir ledit Expofant & fes hoirs, pleinement & paifiblement, fans fouffrir qu'il leur foit fait aucun trouble ou empêchement. Voulons que la copie des Préfentes, qui fera imprimée tout au long au commencement ou à la fin dudit Ouvrage, foit tenue pour dûment fignifiée, & qu'aux copies collationnées par l'un de nos amés & féaux Confeillers-Secétaires, foi foit ajoutée comme à l'original. Commandons au premier notre Huiffier ou Sergent fur ce requis, de faire, pour l'exécution d'icelles, tous actes requis & néceffaires, fans demander autre permiffion, & nonobftant clameur de Haro, Charte Normande, & Lettres à ce contraires. Car tel eft notre plaifir. Donné à Paris, le quatrieme jour du mois de Janvier, l'an de grace mil fept cent quatre-vingt-neuf, & de notre Regne le quinzieme. Par le Roi, en fon Confeil,

LEBEGUE.

Regiſtré ſur le regiſtre XXIV de la Chambre Royale & Syndicale des Libraires - Imprimeurs de Paris, n°. 1870, fol. 109, conformément aux diſpoſitions énoncées dans le préſent Privilege, & à la charge de remettre à ladite Chambre les neuf Exemplaires preſcrits par l'Arrêt du Conſeil du 16 Avril 1785. A Paris, le 16 Janvier 1789.

NYON l'aîné, Adjoint.

FAUTES A CORRIGER.

PAGE 1, au titre, Explication des Coutumes de la vallée de Barege, *liſez*, Explication des Coutumes de Bigorre, & de même au haut de chaque page, juſqu'à la 16.

TABLE
DES PRINCIPALES MATIERES.

A.

Amour de la patrie, motif de cet ouvrage, page 7 de l'Avant-propos & derniere de l'Ouvrage.

B.

Biens. Qu'eſt-ce que biens *avitins*, biens de ſouche & biens *acquêts*, p. 44.

Il faut avoir égard au lieu de leur ſituation, p. 13, 17, 53 & 149.

Biens de ſouche aliénés, ſont remplacés ſur les acquêts, & comment, p. 51.

C.

Cas omis dans la rédaction doivent être réglés ſuivant le Droit écrit, p. 165.

Convol en ſecondes noces; voyez *gendres* & *brus*, *ſterles* : peres héritiers convolant en ſecondes noces, ayant des enfans qui doit leur ſuccéder, p. 46 & ſuiv.

D.

Donations exceſſives doivent être retranchées pour trouver la légitime des enfans, & comment, p. 49 & ſuiv.

TABLE

E.

Eccléſiaſtiques conſtitués dans les ordres ſacrés, ſont habiles à ſuccéder, tant en vertu de la Coutume que par teſtament, p. 1 & ſuiv.

Peuvent-ils diſpoſer à titre gratuit de leurs légitimes & des ſucceſſions qu'ils ont recueillies, & en faveur de qui, p. 3.

Les biens avitins & de ſouche ſont libres ſur leur tête, & ils peuvent librement en diſpoſer, s'ils ſe trouvent ſans frere ni ſœur, ſans neveu ni niece, ſans petit-neveu ni petite-niece, p. 6.

Ils peuvent, dans tous les cas, diſpoſer de leurs acquêts, p. 7.

Qui doit ſuccéder à l'Eccléſiaſtique décédé *inteſtat*, p. 8 & 13.

Sur quels biens il faut prendre les dettes paſſives d'un Eccléſiaſtique décédé, ayant recueilli une ſucceſſion, p. 14.

A qui appartiennent les acquêts d'un Eccléſiaſtique décédé *inteſtat*, ayant ſon domicile hors du pays coutumier, p. 13.

A quoi eſt obligé l'héritier des acquêts d'un Eccléſiaſtique décédé *inteſtat*, p. 16.

Sur quels biens doivent ſe prendre les frais funéraires d'un Eccléſiaſtique, *ibid*.

Eccléſiaſtiques. Peuvent-ils aliéner leur titre clérical ni la rente, p. 19.

Diſtinction à faire à ce ſujet, p. 20 & 24.

DES PRINCIPALES MATIERES.

Leurs dettes paffives peuvent-elles être prifes fur leur titre clérical, lorfqu'ils ne laiffent point d'acquêts, p. 21.

De quel temps peuvent-ils exiger la rente de leur titre clérical, p. 22.

Venant à être pourvus d'un bénéfice de 300 liv., leur titre clérical fait retour au conftituant ou à fon héritier, p. 24.

Exceptions à cet égard, *ibid.*

En quel cas ils peuvent reprendre la jouiffance de leur titre clérical, p. 26.

Leur titre clérical doit être rapporté à la maffe pour la fixation des légitimes de leurs freres & fœurs, p. 28.

Venant à décéder *inteftat*, laiffant des acquêts, leurs freres & fœurs ont une légitime fur ces acquêts, p. 16 & 17.

Erreurs intervenues fur plufieurs articles de la rédaction par l'inattention du Scribe, p. 115, 120 & 123.

F.

Femmes mariées; voyez *gendres*, *brus* & *fterles*.

Etant héritieres, faut-il qu'elles foient autorifées de leurs maris pour contracter, p. 98.

Quid juris, lorfque le mari fe trouve héritier de fon côté, p. 99.

TABLE

G.

Gendres. Qu'eſt-ce qu'on entend par *gendres*, *brus* ou *nores*, p. 89.

Les gendres & brus peuvent inſtituer héritier de leurs légitimes ou dots celui de leurs enfans que bon leur ſemblera, *ibid.*

Exception en faveur du premier né qui ſe trouveroit dejà marié dans la maiſon ſous la foi des anciens uſages, p. 90.

Gendres & brus, quoiqu'ils aient inſtitué un héritier, peuvent diſpoſer à leur gré de la quarte de leurs biens de ſouche, ainſi que de tous leurs biens acquêts, s'ils n'y ont pas renoncé, p. 92.

Gendres & brus venant à décéder *inteſtat*, ont pour héritier celui qui le ſera de la maiſon où ils ont été mariés, *ibid.*

Leurs légitimes ou dots doivent être reçues par les héritiers des maiſons où ils ont été mariés, p. 93.

Exception à cette regle, p. 94.

Ils peuvent contracter & s'obliger à concurrence de leur légitime, p. 95.

Leurs légitimes ou dots n'étant point conſtituées par acte public, les quittances qui leur en feroient conſenties par leurs conjoints, feront

DES PRINCIPALES MATIERES.

réputées libéralités, & ne pourront être reprises que fur les biens libres du reconnoiffant, exception à ce fujet, p. 96 & fuiv.

Gendres doivent-ils autorifer leurs femmes héritieres dans les contrats qu'elles voudront paffer, p. 98.

Quid juris, lorfque les gendres fe trouvent héritiers eux-mêmes, p. 99.

Gendres & brus partagent avec leurs conjoints les acquêts induftriels faits durant leur mariage, p. 102.

Ce qu'il faut entendre par acquêts induftriels, p. 105.

Gendres ayant époufé des héritieres qui ont des enfans d'un premier lit, peuvent-ils prétendre à ces acquêts, *ibid.*

En cas de décès de leurs femmes, ils ont durant leur vie l'ufufruit & adminiftration des biens de leurs enfans, p. 106.

Cas où ils les perdent, *ibid.*

Qu'eft-ce que les gendres & brus peuvent retirer lorfqu'ils ont perdu l'adminiftration par leur convol, p. 109.

Ils peuvent, nonobftant leur convol, difpofer à leur gré de la quarte de leurs légitimes & de tous autres biens, p. 111.

Doivent inftituer héritier un des enfans du premier lit, tant en leurs légitimes ou dots & autres

TABLE

biens de souche, qu'aux acquêts du premier mariage, *ibid.*

Gendres & brus, venant à décéder *intestat*, ont pour héritier celui qui sera héritier de la maison où ils ont été mariés, p. 114.

Venant à passer à des troisiemes noces, ils doivent instituer héritier un des enfans de chaque lit aux acquêts faits durant chaque mariage, p. 115.

Gendres & brus, que peuvent-ils retirer sortant de la maison par le prédécès de leurs femmes & maris, du vivant de leurs beaux-peres & belles-meres, p. 116.

Ne succedent pas à leurs enfans en tout ni en partie, & pourquoi, p. 121.

Cas où il en peut être autrement, p. 85.

Que peuvent prétendre les gendres & brus, obligés de sortir de la maison par le prédécès de leurs conjoints, & celui de leurs enfans & ascendans à ceux-ci, p. 121 & 124.

I.

Inventaire à faire dans le cas de convol en secondes noces par le pere ou mere héritiers, p. 49.

Idem dans le cas où un gendre voudroit convoler en secondes noces, p. 108.

Idem au décès de l'un des sterles ou puînés mariés ensemble, ayant des enfans de leur mariage, p. 141.

L.

Légitime des enfans, ce que c'eſt, & comment elle ſe fixe, p. 33 & 34.

Comment doit ſe prendre la légitime des enfans de divers lits, p. 49.

N.

Nobles, ſuivent le Droit Romain pour la diſpoſition de leurs biens, p. 29.

Nores; voyez Gendres.

O.

Omiſſion. Cas omis dans la rédaction, doivent être réglés ſuivant le Droit écrit, p. 165.

P.

Peres & meres non Nobles, peuvent inſtituer héritier tel de leurs enfans que bon leur ſemble; obſervations à cet égard, p. 30.

Ils doivent laiſſer à leurs autres enfans la légitime telle que de droit, p. 33.

Cette légitime doit ſe prendre indiſtinctement ſur tous les biens de ſouche & acquêts, *ibid.*

L'enfant qui auroit été avantagé ne peut être privé de ſa légitime, *ibid.*

Premier né, marié ſous l'ancienne Coutume, ne

peut être privé de la fucceffion de fes pere &
mere, p. 34.

Obfervations à ce fujet, p. 31 & 32.

Peres & meres héritiers, pourroient-ils inftituer un de leurs enfans puînés au préjudice d'un autre enfant aîné à l'inftitué, & qui fe trouveroit marié hors de la maifon avant la rédaction de la Coutume, p. 37 & fuiv.

Peres & meres héritiers, peuvent difpofer à leur gré de la quarte de leurs acquêts & de celle de leurs biens de fouche, nonobftant l'inftitution d'héritier, p. 41.

Sur quels biens il faut prendre leurs dettes paffives, leurs frais funéraires, p. 43.

Premier né des enfans eft héritier de fes pere & mere décédés *inteftat*, p. 45.

L'aîné d'un premier mariage eft préféré à ceux d'un autre lit pour les biens de fouche & acquêts faits durant le premier mariage, p. 46.

Le premier né de chaque lit doit hériter des acquêts faits durant chaque mariage, p. 48.

R.

Rentes conftituées fe reglent par la Coutume du débiteur, p. 13 & 87.

Retrait doit être réglé en pays coutumier comme dans le refte de la Province, p. 151.

Différence des anciennes Coutumes d'avec la

nouvelle en matiere de retrait, *ibid.*

De quel côté faut-il être parent du vendeur pour pouvoir exercer le retrait, p. 152.

Peut-il être exercé à l'égard d'un fonds que le vendeur lui-même avoit acquis, *ibid.*

Quelles font aujourd'hui les formalités du retrait, p. 157.

S.

Sterles : ce qu'on entend par ce mot, p. 128.

Qu'il y ait, ou non, contrat de mariage, les acquêts par eux faits durant le mariage, font communs entre eux, *ibid.*

Ils peuvent ftipuler le contraire, p. 130.

Les biens donnés au conjoint, ou à l'un d'eux, entrent-ils dans la communauté, *ibid.*

L'adminiftration appartient au mari, p. 131.

L'un & l'autre des fterles doivent intervenir dans les contrats, p. 132.

Chacun des fterles peut inftituer héritier celui de leurs enfans que bon lui femblera, p. 133.

Sauf que le premier né eût été marié du temps de l'ancienne Coutume, p. 134.

L'inftitution d'héritier confentie par les peres & meres fterles, ne les empêche pas de difpofer à leur gré de la quarte de leurs biens de fouche & de tous leurs acquêts, p. 135.

En défaut de difpofition de la part du prémourant,

TABLE

le premier né de leurs enfans fera fon héritier, fauf la légitime pour les autres enfans, p. 136.

La femme venant à prédécéder, le mari conferve la jouiffance de fa légitime & de fa portion d'acquêts, *ibid.*

Exception à ce fujet, p. 137.

Le furvivant qui convole en fecondes noces peut difpofer de la quarte de fa légitime & des biens à lui advenus du chef de fon conjoint prédécédé, mais ne peut inftituer héritier qu'un des enfans du premier mariage, p. 138.

Celui des fterles qui a furvécu, venant à décéder *inteftat*, a pour héritier celui des enfans qui a hérité du prédécédé, p. 139.

Qui doit hériter du conjoint furvivant qui auroit paffé à des troifiemes noces, *ibid.*

Quels font les droits de la femme qui furvit y ayant des enfans du mariage, p. 142.

Par qui doivent être fupportés les frais funéraires & les dettes paffives du prémourant, p. 145.

Quels font les droits du furvivant fur les biens du prédécédé mort *inteftat* & fans enfans, p. 147.

A qui doivent appartenir les biens du fterle qui décede le dernier fans laiffer des enfans & fans avoir difpofé, p. 149.

Diftinction à faire entre les biens fitués en pays coutumier & en pays de droit écrit, *ibid.*

TABLE DES PRINCIPALES MATIERES.

T.

Teſtament où l'on auroit diſpoſé de tous biens de ſouche contre la prohibition de la Coutume, doit-il être caſſé, p. 81.

Titre clérical ; voyez *Eccléſiaſtique*.

Fin de la Table.

ERRATA.

Page v, ligne 12, faisons, *lisez* raisons.

Page 36, pénultieme ligne, vinés; *lisez*, aînés.

Page 46, ligne 7, après le texte, à ces enfans; *lisez*, à leurs enfans.

Page 121, après ces mots, (à l'article suivant) *ajoutez*, voyez néanmoins ma derniere observation sur l'art. 4 du tit. 5.

Page 122, ligne 8 des observations, trouvant; *lisez*, trouvent.

www.ingramcontent.com/pod-product-compliance
Lightning Source LLC
Chambersburg PA
CBHW051918160426
43198CB00012B/1943